親鸞

尊厳・平等の念仏

芳滝智仁
武田達城
編著

阿吽社

はじめに

「私の実家の宗旨は浄土宗ですが、親鸞聖人を尊敬していますので千里寺の門徒になりました」。初対面でその人はこのように挨拶《あいさつ》をされた。今から五〇年前のことである。それ以来、私はその人の存在を強く意識するようになった。やがてその人は、日本法制史を専門に研究していること、具体的には古代から現代に至る裁判の記録を勉強していること、そのなかで三業惑乱《さんごうわくらん》の際の裁判記録に強い関心を持っていることなどを熱っぽく語られた。一九八九年、相談ごとがあってその人が寺に来られたとき、宗派から届いた法要のポスターが本堂に貼《は》られているのを見て顔色が変わった。「こんな人の法要をしてはダメですよ！」、その人は怒鳴るように私の父である当時の住職を叱責した。ポスターには一九九一年に「本願寺第十一代顕如宗主四百回忌法要／本願寺寺基京都移転四百年記念法要」が勤められることが宣伝されていた。その人が顔を真っ赤にして怒りをあらわにして「こんな人」と言ったのは顕如《けんにょ》のことである。今は閉店してしまったが近所の関西大学正門前にあった書店に入ると、その人が書いた本が並んでいた。『人権思想の源流と部落の歴史』『部落起源論』『明治維新と部落解放令』『一向一揆と部落』『続・一向一揆と部落』、著者は関西大学法学部教授・石尾芳久とあった。そう、その人の名である。私は衝動的にそれらの本を買い求めた。

石尾先生が注目したのは「勅命講和」である。日本における人民の最も長い籠城戦として皆さんもよくご存じの本願寺合戦は一五七〇年（元亀元年）から一五八〇年（天正八年、閏三月八日）まで続いて、最後は正親町《おおぎまち》天皇による勅命講和によって終結した。勅命講和をしたというのは石尾先生の言葉を借りれば「天皇制のイデオロギーである血統主義というものに浄土真宗が屈服をした。真実の宗教から呪術の園へ、呪術的信仰へ転落をした」ということである。多くの門徒のいのちを救うために講和をしたという意見もあろうが、それならはじめから戦わなければよかったのである。権力からの復讐《ふくしゅう》を慎重に考えておくべきであったのである。仏法のために武器を取っていのちを賭《と》して戦えと檄《げき》を飛ばしながら、勅命講和のあとは昼夜朝暮に念仏三昧《ねんぶつざんまい》の生活をしてほしいという本願寺首脳部の転向によって、公平な裁判権を有していた大坂寺内町という宗教的自治都市の自治の生命は終わった。しかし、天皇制イデオロギーが真実の宗教である浄土真宗の中に入ってくることを拒否した人々は、勅命講和を不当として反対し、紀州太田城に籠城した。その人々は、大坂本願寺合戦の残党ではなく「末々の門徒」と言われる人びとである。太田城の籠城戦は一五八五年（天正一三年）三月一一日から四月二二日頃まで続いた。石尾先生の同僚である関西大学の薗田香融教授（当時）が大阪府下の真宗寺院にあった秀吉の書状を発見した。そこにはわずか三千名の一揆勢を十万の大軍で取り囲んだ秀吉が威信をかけて太田城を水責めにしたこと。その水責めにする土手のことを秀吉が「鹿垣《ししがき》」と呼んでいることが記されている。勅命に反して太田城に立てこもった雑賀《さいか》門徒や末々の門徒を人間ではなく「けだもの」と呼ぶこと、手紙の最後には天皇の住居である御所の造営を気にかけていることが記されていることを考えれば、秀吉も天皇制イデオロギーと血統主義によらなければ暴力的支配はできなかったのである。本願寺の記録である『宇野主水日記』には、太田城が開城し、四月二三日、門徒の首謀者五三人が殺され「天王寺あべの」で晒首《さらしくび》にされたこと、太田村で女房二三人が磔《はりつけ》になったこと、貝塚にて教如、顕如、顕尊の三人が凱旋《がいせん》する秀吉の軍勢を御茶所を設けてもてなしていることが記されている。いくら自分たちの命令に背いたからといって、五三人の門徒の首をぶら下げて「天王寺あべの」へ凱旋するという軍勢を御茶所を設けて接待するとは何事か。本願寺当主の頽廃《たいはい》があらわれている。石尾先生が「こんな人」と言われるゆえんである。

さらに『日記』には秀吉が立腹して会わなかったこと、翌二五日に本願寺側が詫《わ》びを入れたとある。太田城の残之衆は既に退城しているから立腹の原因は門徒の行動にあるのではなく、残之衆に対する本願寺の処置に原因があったと思われる。それから三日後の二八日に既に大坂への移転が決まっていた本願寺の境内地に「渡辺ノ在所」を置くとなっている。「渡辺」とはのちの「役人村」になっていく渡辺村のことである。つまり本願寺は徹底抗戦ののち生き残って賤民《せんみん》身分に貶とされた門徒を自らの手で監視をすることを秀吉に申し入れたのである。これにて秀吉の立腹はおさまったのである。そして本願寺は教団の中に穢寺組織を作りあげていった。本書に収められている石尾先生の講演録のなか、「仏法と王法」の項には「仏法と王法の関係を法律家として考えますと、仏法を基本とすることと王法を基本とすることとはまったく違うと思っています。その違いは相対的なものである、比較的軽いものだと従来考えてきたのではないでしょうか。私は、これは、徹底的に違う、絶対に違うと考えています。そうでなければ、こういう穢寺という概念が絶対にでてくるはずがないと考えています。これがでてきたのは、まさに仏法が王法の手段になるからではないかと思っています」と記されている。仏法が王法の手段になったときから、本願寺は浄土真宗ではなくなった。まさにその分岐点が勅命講和である。親鸞の念仏は本願寺ではなく、勅命講和に反対した「末々の門徒」から被差別部落の門徒に受け継がれ、西光万吉《さいこうまんきち》に代表される水平社の人々に昇華されたのである。芳滝智仁氏の論攷《ろんこう》は、親鸞の念仏とはいかなるものであったのか、石尾先生の研究から学んだ力作である。二〇一一年の晩秋、芳滝氏が報恩講の布教にはじめて千里寺を訪れた際、石尾先生の墓前で感極まって号泣したことを聞いた。

武田達城

親鸞

尊厳・平等の念仏　目次

はじめに……武田達城 3
親鸞の念仏と
被差別部落起源論……芳滝智仁 9
「一向一揆起源論」と
その論理構造……小笠原正仁 40
石山本願寺合戦と
部落の成立……石尾芳久 50
あとがき……神戸 修 91

親鸞の念仏と被差別部落起源論

芳滝智仁

はじめに

「ひそかにおもんみれば」で始まる教《きょう》行《ぎょう》信《しん》証《しょう》の総序の最初に「難思の弘誓、無碍光明は、釈迦、韋提をして安養を選ばしめたまへり」と、いわゆる王《おう》舎《しゃ》城《じょう》の悲劇の中で韋《い》提《だい》希《け》が阿弥陀仏のすくいに遇《あ》ったことを示し、そのことがすなわち「信心獲得」の姿として示される。そしてその仏教をもって「斉しく苦悩の群萌を救済し逆謗闡提を恵まんと欲す」のであると示され、そのことを具体的に理論づけたのが教行信証だということなのである。そこにこそ総序を掲げた親鸞の思いがうかがえる。

韋提希の見仏

韋提希が見仏した観《かん》無《む》量《りょう》寿《じゅ》経《きょう》第七華座観に「見仏」の内容が具体的に説かれている、「無量寿仏、空中に住立したまふ、光明は熾盛にしてつぶさに見るべからず、百千の閻浮檀金色も比とすることを得ず」である、空中に住立したまふは、「もろもろの庶類のために不請の友となる。群生を荷負してこれを重担とす。もろもろの衆生において視そなはすこと自己のごとし。一切の善本みな彼岸に度す」という法蔵菩《ほうぞうぼ》薩《さつ》の誓願成就《せいがんじょうじゅ》を期した修行の姿として表現され、「難化の三機、難治の三病は、大悲の弘誓を憑み、利他の信海に帰すれば、これを矜哀して治す、これを療したまふ。たとえば醍醐の妙薬の、一切の病を療するがごとし。濁世の庶類、穢悪の群生、金剛不壊の真心を求念すべし」という第十八、至心信楽《ししんしんぎょう》の願《がん》のすがたである。

「光明は熾盛にしてつぶさに見るべからず」は、仏智の熾盛光《しじょうこう》に遇い、「つぶさに見るべからず」とは、韋提希が自分の三塗《さんず》の黒闇《こくあん》の底無しの深さに恐れおののいたことであり、第一、無三悪趣《むさんあくしゅ》の願のすがたである。

「百千閻浮檀金色も比とすることを得ず」は、例えば富士山を金色にして如来《にょらい》の金色の姿と比べてみれば、富士山の金色の姿は消し炭のようにしか見えないということであり、それは第三、悉皆金色《しっかいこんじき》の願のすがたである、「真金色」とは、価値の変わらないもの、何ものにも犯されない負けないもの、柔らかく固執しない等の意味があり、悟りの無限の尊厳を表現している。

韋提希は、自身が阿闍世《あじゃせ》によって深宮に幽閉され、我が子を「悪子」と罵り、濁世《じょくせ》の処は地獄、餓鬼、畜生盈満《ちくしょうようまん》し不善の聚《しゅう》多しと嘆いたが、見仏（信心獲得）により、それがそのまま自分自身のことだと思い知らされたのである。占いを信じ、生まれ変わるという邪教を信じ、仙人を殺害する縁を結び、我が子まで死に至らしめようとした自分が、阿闍世を「悪子」と言えたことかと。その我見、欲望、憎悪、愚痴、憍慢《きょうまん》に満ち満ちた黒闇が無碍《むげ》の光明に破され、それを如来に、覚《さと》りを掛けて全てが引き受けられ、迷い、苦悩、差別、区別を相対化しぬく「絶対平等、尊厳」のいのちに遇い、そのいのちに導かれる人生を歩み始めるのである。そしてその縁によって、阿闍世が「無根の信」の喜びに生きる姿に転ぜられ、釈尊入滅直後の第一結集の大施主《せしゅ》となり、仏教を後世に伝えるということで、非常に尊い役割を果たすことになるのである。それが親鸞が説いた「摂取不捨」現生正定聚《げんしょうしょうじょうじゅ》不退転のすがたなのである。

「尊厳、平等」という一番大切な視点をあえて無視して「悪人正機の悪人とは、善人・悪人相対に於ける悪人であり、成仏道を歩む能力を持つ善人よりも能力を持たない悪人こそを弥陀法のまさしきめあてであることを悪人正機というのである。」（御同朋の教学の展開）というような、全ての人は等しく平等に悪人である（悪人正因）という親鸞の基本的な考え方を隠蔽し、信心を個人の心の問題としてしまい、本来の親鸞の念仏を歪曲《わいきょく》してしまっているのが現在の教学なのである（歎異抄三条に、他力をたのみたてまつる悪人、もっとも往生の正因なりとありと、親鸞は悪人正機とは言っていない）。そしてそれは信長との勅命講和以後顕著になっている。そのことについては最後の一向一揆、雑賀《さいか》太田城の退衆への顕如《けんにょ》の手紙がそのことを明らかにしている。これについては、本書石尾論文（七九頁）に掲載し、解説されているので、ここでは重複を避けるが、石山本願寺合戦において「進者往生極楽、退者無間地獄」と檄《げき》を飛ばしていた顕如が、この手紙では「私の存分等可在之候へとも――仏恩報謝のために昼夜朝暮にハ念仏申され候へく」と百八十度転向し、権力の手先となって勅命講和に不服従の門徒（尊厳平等を希求し自治を貫こうとした人々）を賤民身分に貶め具体的に差別分断支配に協力していくすがたがうかがえるのである。そして、そのことが石尾芳久の被差別部落起源説の眼目なのである、この視点を逸脱した批判は議論にもならない。

　阿弥陀仏にすくわれ、その尊さに歓喜し尊厳を希求してやまない人々が地域を超えて誕生し続けた。それが関東における元始真宗教団のすがたであり、その人々のすがたを親鸞は「れふし、あき人などは、いし、かはら、つぶてなんどを、よくこがねとなさしめんがごとしとたとへたまへるなり」と喜ばれている。それについて梯実圓《かけはしじつえん》は教学研究所の所長であったとき「れふし、あき人、さまざまのものは、いし、かはら、つぶてのごとくなるわれらなり——これを黄金のごとく尊厳なものにかえなしてくださるのが、阿弥陀仏の本願なのだといわれています」と明確に述べている。また、家永三郎は「専修念仏の本旨は末法の一切衆生をあまねく弥陀の悲願により摂取しようとするにあり、その徹底した平等の精神において、もっぱら貴族への奉仕を事とする天台・真言の旧仏教から明確に区別されるところに大きな特色があった。それは特定の身分・階級に依拠するものではなく、あらゆる人々をあまねく往生させることを求めるものでありながら、何といっても耕作農民が大多数を占め、商人、猟師、漁夫その他の貧しい被支配層の人民をふくむ東国農村において伝道の生活を始めた親鸞にとり、摂取不捨の平等主義が、とりわけ従来貴族仏教の求める功徳に堪え得なかった下層民衆のために切実な意味をもつことを痛感しないではいられなかったであろう」と述べている。

親鸞の愚禿の名告り

「主上臣下、法に背き義に違し忿りを成し怨みを結ぶ。これによりて、真宗興隆の大祖源空法師ならびに門徒数輩、罪科を考へず、猥りがはしく死罪に坐す。あるいは僧儀を改めて姓名を賜うて遠流に処す。予はその一つなり。しかればすでに僧にあらず俗にあらず。このゆゑに禿の字をもって姓とす」は親鸞の愚禿《ぐとく》の名告《なの》りである。

それは、念仏僧四名を虐殺し親鸞を縛り上げ拷問し、僧であること、人であることを否定し配流した

「主上臣下」と、経に昏《くら》くして真仮の門戸を知らない諸寺の釈門、行に迷ひて邪正の道路を弁ふることのない洛都の儒林に対しての名告りである。

具体的には、興福寺の顕密僧貞慶《じょうけい》による奏状の第六に「かの政を布くの庭に、天に代わって官を授くるの日、賢愚品に随ひ、貴賤家を尋ぬ。至愚の者、たとひ夙夜の功ありと雖も、非分の職に任ぜず。下賤の輩、たとひ奉公を積むと雖も、卿相の位には進み難し」という文章がある。これは、諸行を捨て称名念仏を勧め善人も悪人も同じ果報を受けると説いた法然《ほうねん》を非難した文章であり、顕密仏教の厳しい差別教学をあらわした文章である。これに対して親鸞は貞慶が賢なら自分は「至愚」であり、貞慶が貴なら自分は「下賤の輩」、私度僧の「禿」であると、自分の仏教の立場を名告ったのである。

この名告りは親鸞自身の体験を通しての名告りである。承元元年一月二四日専修念仏停止の院宣、二月九日の藤原定家の日記「名月記」に「近日一向専修之沙汰、被搦取被拷問云々、非筆端之所及」とある、親鸞は二位法印尊長の沙汰により捕らえられ縛り上げられ拷問を受けたのである、官僧から追放され流罪となり被差別身分の人になったのであり、生涯その立場から逃げることはなかった。

ちょうどその五〇年後の二月九日に正像末《しょうぞうまつ》和讃《わさん》を「愚禿善信集」として著している。「康元二歳丁巳二月九日夜寅時夢告云」と期日を明記し、親鸞の他の著作は「愚禿親鸞」となっているが、正像末和讃は「愚禿善信集」としているのである。善信は官僧から追放された時の罪名である。このことで、親鸞がどれほど強く深い決意と確信をもって正像末和讃を著したかうかがえるのである。愚禿は親鸞が三五歳の時、いのちに刻みこんだ名告りなのである。正像末和讃は摂取不捨（尊厳、絶対平等という現世の救い）を「夢告讃」に掲げ、「正像の二時（顕密仏教）はをわりにき」と言い切ってこの和讃が始まるが、そこに親鸞の強い思い入れがある。「愚禿」は、差別支配、差別仏教を相対化し無化していく、何ものにも壊されない尊厳を拠《よ》り所とした親鸞の念仏の立場を明らかにした名告りである。「非僧とは顕密僧であった身分を剝奪され、いわゆる官僧としての身分からの決別を意味する言葉であり、非俗とは、以降を私度僧として生きることの宣言である。禿の字は、自らが謙って称する場合もあるであろうが、むしろ他者が罵る言葉として使われていた。三善清行の『意見封事十二箇条』（九一四年）には、〈天下の人民三分の二、皆これ禿首のものなり……これ皆家に妻子をたくわえ、口に腥膻をくらう。形は沙門に似て、心は屠児の如し……これ濫悪の僧〉と、禿首を濫悪の僧と罵るのである。親鸞はただ単に謙るだけでなく、罵詈として使われていた禿を自らの姓としたのだ。」（御同朋の教学の展開）

専修念仏への弾圧

専修念仏の人々に対する疑謗破滅《ぎほうはめつ》「弾圧」は邪見熾盛《じゃけんしじょう》にて破壊瞋毒《はえしんどく》は叢林棘刺《そうりんこくし》のごとくである現実の【補注二】中で、死後の救い「堕地獄からの解放」ではなく、現世のすくい「尊厳、平等」こそが仏教であると言う当たり前の事をあえて命懸けで言わなければならない現状があったのである。「如来の遺弟悲泣せよ」とはそのことであり、その現状を親鸞は末法《まっぽう》と位置づけた。

「摂取不捨」とは、「逃がさない捨てない」との本願のはたらきである。その本願に遇うということは、尊厳を踏みにじられ、捨てられ、人であるということを否定されていた人々が「尊厳を踏みにじるものから決して逃げない、いのちは決して捨てられるものではない」という「尊厳、平等」の歓《よろこ》びを頂き生きる身に転ぜられることで、それが「すくわれる」ということなのである。現代の教学はその一番大切なところを欠落させている。

そしてそれは一向一揆において顕如が信長と勅命講和を結んだ時からはじまり現代に至っている。

古代律令制度と寺院

古代日本の律令制度は中央官制、国郡里制《こくぐんりせい》で公地公民が原則の官僚による土地、人民を支配する中央集権国家体制で、人民を良民、賤民に二大別し、班田収授法《はんでんしゅうじゅのほう》により支配した。公民から除外された賤民は陵戸《りょうこ》、官戸《かんこ》、家人《けにん》、公奴婢《くぬひ》、私奴婢《しぬひ》として差別分断支配をされた。その後、財政難に陥るなかで三世一身《さんぜいっしん》の法（七二三年）、墾田永年私財法《こんでんえいねんしざいほう》（七四三年）が出され公地公民制、班田収授法が崩れ去っていき荘園制《しょうえんせい》による土地、人民の支配に移行していくことになる。この頃になると古代の賤民制は崩れ、人々も流動的にはなるが荘園制支配体制におけるいわゆる「世間の外のもの」として差別される人々が形成され、非人、河原者《かわらのもの》などさまざまに呼称されている「この人々は本質的には被差別部落の起源ではない」。一〇世紀の初頭には律令体制の維持は困難となり、寺社に対する国家の直接的保護は一一世紀には廃絶していき、律令制度の中で財政保護を受け国家を鎮護する祈禱《きとう》をするだけでよかった寺社が、一一世紀中葉から一三世紀前半にかけて、田畠、集落、山野河海《さんやかかい》を有機的に統一し、直接人民大衆に対し彼らを支配する荘園制的領域支配を展開していくことになる。対応できない多くの寺社は消え、成功したのが興福寺、東大寺、延暦寺に代表される中世顕密八宗の寺院であり、それは院権力により統合されていくのである。

そして仏教は寺社領をふくむ荘園における民衆支配のイデオロギーとして変貌し民衆を支配体制のなかに縛り付ける道具となったのである、顕密寺院のそういう宗教活動は鎮護国家と五穀豊穣《ごこくほうじょう》のための祈禱であり、天災や疫病から人々を守る祈禱であり、生産労働大衆へのケガレや罪の意識の流布、強制的な堕地獄観に対する贖罪《しょくざい》のための祈禱であり、必然的にその利益を求めれば求めるほど年貢は多くなり、労働奉仕が嵩《かさ》み生活が困窮することになる、また、年貢を納めなければ神仏の怨敵とされ、現世安穏も極楽往生も否定される懲罰を受けることになるのである。

顕密寺院の以上のような人民大衆への宗教的支配は、荘園領主にとってはまことに都合の良いことであり、朝廷、領主、寺院の一体化が進んだのが中世社会の状況であった。そして鎮西義《ちんぜいぎ》や諸行本願義《しょぎょうほんがんぎ》等の大部分の法然門下の念仏集団も、顕密仏教の側に立ち教線を伸ばすことになっていくのである。

「嘉禄の法難」の衝撃

「嘉禄の法難」において専修念仏は非常に大きな打撃を受けているが（一二二七年）、この時法然を「我大師聖人」と言い『唯信鈔』を著した聖覚が、弾圧する側の主要人物であったことを思えば、親鸞、隆《りゅう》寛《かん》、幸西《こうさい》（三人とも選択集の書写を許されている）らの念仏（専修念仏、一念義）がどれほど権力者にとって危険思想であったかがうかがえる。

隆寛は「念仏の力にて、よろづのつみをのぞきうしなひて、極楽へ必ずまいるぞと」考える自力念仏者は極楽の辺地に往生し、そこで「本願にそむきたるつみ」を償わなければならないと主張した。雑行、自力による救済を否定することによって宗教的平等を実現するという法然の教えは、現生正定聚という親鸞の念仏まで生み出すことになった。

現生正定聚とは、親鸞が開いた浄土教の究極の地平である。仏果を得ることができる正定聚の位が浄土往生後とされていたのを、現生における信の一念の時とし、命終即成仏としたのである。それは差別、区別の現実の中で生きる人々が、信の一念において等しく浄土往生が決定した人々に転ぜられるということである。つまり、親鸞の念仏に遇った人々は差別、区別を超え「仏のこども」として平等に尊敬しあう生き方に転ぜられていったのである、正定聚の「聚」とは（人々のあつまり、なかま、ともがら）ということであり、共にすくわれていくのが親鸞の念仏であり、「御同朋、御同行」とはこの地平なのである。この視点を隠蔽して、私のようなものこそが如来の目当てでございましたと、心で喜んで、ひとりで悦に入る（悪人正機）ありようは、親鸞の念仏ではないのである。このような教学によって長い間、被差別の人々がその被差別に忍従させられてきたのである。

「ただ後世のことは、よき人にもあしきにも、おなじやうに生死出づべき道をば、ただ一すぢに仰せられ候ひしをうけたまはりさだめて候ひし」という親鸞は、あの世のすくいを否定し、この世のすくい「尊厳・平等」を説き、すべての人が等しく仏に成ることができる仏道、本願念仏を勧めた。それは現世の価値体系や支配イデオロギーを相対化し無化してゆくための思想的武器であり、此岸《しがん》に新たな人間的諸関係を構築してゆくための指針でもあったのである。

支配者にとってその思想は非常に恐ろしいもので、専修念仏は弾圧されるべくして弾圧されたのである。

親鸞の念仏

朝廷や幕府、また、山門等の度重なる弾圧に対し親鸞は「この世のならひにて念仏をさまたげんひとは、そのところの領家、地頭、名主のやうあることにてこそ候はめ。とかく申すべきにあらず。念仏せんひとびとは、かのさまたげをなさんひとをばあわれみをなし、不便におもうて、念仏をもねんごろに申して、さまたげをなさんを、たすけさせたまふべしとこそ、ふるきひとは申され候ひしか」と法然の教えを伝え、「さまたげんをなさん」を仏願に依り相対化していくことを示し、「五濁悪世の有情の　選択本願信ずれば　不可称不可説不可思議の　功徳は行者の身にみてり」と摂取不捨のすくいを具現化させた。

この相容《あいい》れない関係は単なる仏教における教義の対立ではなく、それがそのまま当時の朝廷や寺社の荘園的支配イデオロギーと、それを相対化し無化していく立場という、現実社会の中での相容れない対立となっており、そのことが朝廷や顕密八宗等による専修念仏に対する弾圧の本質なのである。この視点を逸脱した念仏は決して親鸞の念仏ではなく、かえって弾圧する側の念仏なのである。

一向一揆の勅命講和による敗北以後、江戸幕藩体制下における本願寺のすがたがそのことを実証している。江戸幕藩体制における本願寺の教学は、その身分差別を前世の業で固定し、それに忍従させ、死後の平等を説いたのである。そして被差別の人々は穢寺に集約され、穢寺僧はお剃刀《かみそり》が受けられず、門徒は差別法名をつけられ死後も差別されたのである。

その念仏は親鸞の念仏とは相容れない念仏であり、現代にあっても本願寺はその教学から脱しようとしていないのである。

親鸞と関東の門徒

親鸞が関東に入ったころ、朝廷、山門の側の支配と鎌倉幕府側の支配の二重の支配（約三〇年間）に、また、異常なほどに繰り返される天災【補注二】、飢饉《ききん》に呻吟《しんぎん》する人々は、まやかし仏教に愛想をつかした。そして、生きることを諦めることしかない人々のいのちに親鸞の念仏は響いた。自分は仏に成れる尊ばれるべき人であると、親鸞に御同行・御同朋と拝まれ、目を覚まされた人々は、縦社会のなかで横に繋がり支え合う社会を作り上げていったのである。弁円の帰参はそのことを象徴している。「れふし、あき人、さまざまのものは、みな、いし、かはら、つぶてのごとくなるわれら」が、おなじこがねとなさしめられた、無用に争っていた人々が同じ歓びのなかに繋がることができた、それが親鸞の関東念仏教団形成のすがたである。

親鸞の念仏を支えた「みずのたみ」

関東における教団は稲田を中心に放射線状に広がっている、常陸、下総、下野、武蔵、奥州等その広がりは河川を利用した交通路によってであったことがうかがえる、関東最古の門弟、横曾根の性信《しょうしん》は鹿島大宮司出身の伝説があり、佐貫は利根川の最上流で、俗姓大中臣与四郎《おおなかとみよしろう》は利根川水系太子講の有力者であったと伝えられている。親鸞は安城御影《あんじょうのごえい》や熊皮御影《くまがわのみえい》に見られる姿で、多くは水利を利用して各所の太子堂、善光寺如来堂等で布教に及んだことが推察される。性信は親鸞晩年の善鸞事件の解決のために尽力して、鎌倉に出向し幕府の役人を説き伏せるほどの信者であり、地域における実力者だった。

親鸞の念仏の広がりは当時差別されていた「みずのたみ」がその原動力になっており、それは自治組織である「惣《そう》」を育て、後に蓮如教団に繋がっていくことになる。

親鸞の念仏に遇うた人々は各所で「聖人の二十五日の御念仏」を最寄りの会所に集まって行うようにな

り、それぞれ集団が形成されていった。親鸞が京都に居を移しても親鸞を支え、親鸞もまた頻繁に手紙を送り布教した。また、京都まで訪ねてくる門弟も多くいたようである。

親鸞の教化に遇った人々は色んな仕事を持つ人々であり、「海かわに、あみをひき、つりをして世をわたるものも、野やまにししをかり、鳥をとりて、いのちをつなぐともがらも、あきなゐをし、田畠つくりてすぐるひと」とあるように、農、商、猟師、漁師等様々な生活者であり、その多くの人々は「世間の外のもの」であり、親鸞も非僧非俗という「世間の外のもの」であり通した。そしてその関東における元始教団のすがたは、後の寺内町を中心とする合議制によって経営された本願寺教団のすがたと質を同じくするものなのである。支配者に搾取されることのない流通は互いに安価での物流が成り立ち、また、情報を交換し共有することで生活を守る手立てを講ずることができたのである。

「十七箇条の制禁」

本旨は変わらない実如の時代末々の講まで配布された、親鸞が往生の二三年後の同朋集団において作成されていた「十七箇条の制禁」を見ると、蓮如、実如の流れに繋がった教団の実態を少しはうかがうことができる。

制禁

一向専修の念仏者のなかに停止せしむべき条々事

一、専修一行のともがらにおきて、余仏菩薩ならびに別解別行の人を誹謗すべからざる事　第一条

一、別解別行の人に対して、諍論をいたすべからざる事　第二条
一、主親におきたてまつりて、うやまいおろそかになせる事　第三条
一、念仏まふしながら、神明をかろしめたてまつる事　第四条
一、道場の室内にまひりて、矯慢のこころをいたし、わらひささやきごとをすること　第五条
一、あやまて、一向専修といひて、邪義をときて師匠の悪名をたつる事　第六条
一、師匠なればとて、是非をたださず弟子を勘当すべからざること　第七条
一、同行、善知識をかろしむべからざること　第八条
一、同行のなかにおきて、妄語をいたし、うたえまふすといふとも、両方の是非をききて、理非をひらくべきこと　第九条
一、念仏の日、集会ありて、魚鳥を食すること、もろもろあるべからざる事　第十条
一、かたじけなきむねを存して、馬の口入、人の口入すべからざること　第十二条
一、あきなひをせんに、虚妄をいたし、一文の銭なりとも、すごしてとるべからず。すなはちかへすべし　第十三条
一、他の妻をおかして、その誹謗をいたすこと　第十四条
一、念仏者のなかに、酒ありてのむとも、本性をうしなひて、酒くるひをすること　第十五条
一、念仏者のなかに、ぬすみ賭博をする事　第十六条
一、すぐれたるをそねみ、おとれるをかろしむること、もろもろあるべからざること　第十七条

右このむねを停止せしめて、十七条の是非制禁にまかせて、専修一行の念仏者等あひたがひにいましめをいたして、信ぜられるべし。もしこのむねを、そむかんともがらにおきては、同朋同行なりといふとも、衆中をまかりいだし、同座同列すべからざるものなり。仍、制禁之状如件

弘安八年八月十八日　　善円在判

（千葉乗隆氏の「本願寺教団の展開と掟」では第十一条が欠落しているが、実如の掟《おきて》の中にある「一、念仏勤行の時男女同座すべからず、みだりなるべき故なり」が当てはまる。）

第五、六、七、八条は差別の現実に生きるからこその条文であり具体的に表現している。差別は社会の中で具体的にその刃をむける。

第九条は大坂寺内町における裁判にその具体例をみることができる。そのひとつに排水争論【補注三】があるが、その裁決は見事なものである。

寺内町の裁判においては、拷問は禁止されている。しかし、それよりも後の江戸時代ではお白洲に出されるだけで有罪であり無罪は無いのである。権威主義の下では、無罪を認めることは奉行所の権威を失墜させる以外の何物でもないからである。

寺内町では現代よりも人々の尊厳をその根底に置いた裁判がなされていることがうかがえるのである、それは結果的に合理的な判断を行うことになる。

等しく仏になることが約束されている社会においては、まず人であることの尊厳と平等を大切にする社会が実現される。それを死守するための最も過酷な闘いが織豊《しょくほう》政権との闘いであった。そのことの大切

さを身に染みて体験した末々の門徒が最後まで戦い抜いたのである。

長島の一向一揆で一番最初に人質まで出して降伏したのは国人層であったということである。つまり最後まで戦い抜いた末々の門徒の人々が貶《おとし》められたのである。

第十三条は本願寺教団の経営、経済の基本的精神であり人々の生活を支えた。寺社領を含む荘園領主の支配、搾取の仕組みの中で縛られ苦しむ人々に、ほぼ全国の水利権を巡らすことができた本願寺は、面として広がる流通網を確保し共和的経済圏を作り上げ生活を保証し拡大していった。生産者は生産物を何倍もの値段で売ることができ、そして必需品を何倍も安い値段で買うことができた。みずのたみ、あきびとが活躍し、生産者は惣（共同体）を構築し本願寺に帰参し連帯することによって自分たちの生活を自ら保障したのである。

「みずのたみ」といえば三河門徒、河野門徒、堅田門徒、村上一族等がある。三河の門徒は矢作《やはぎ》川周辺の水の民が主力となり後に土呂本宗寺、三河三ヶ寺等を中心に流通機構を掌握していった。蓮如を支えた上宮寺如光は有名である（「如光弟子帳」には上宮寺の道場について三河、尾張、伊勢三国の道場一〇五箇所を記している）、三河では高田の顕智や顕智と共に親鸞の往生に立ち会った三河の専信も尽力したが、高田の流れは和田門徒となり北陸三門徒に繋がっていくことになる。

自分が三河門徒の不入特権を侵害して起こした三河一向一揆で九死に一生を得た家康は、一向宗を弾圧し坊主衆は追放されるが（一五六三年から二〇年間にわたる）、石山合戦においては連絡を取り合い本願寺を支援したことが安藤弥氏によって論述されている。

河野門徒について、尾張、美濃における真宗の伝播《でんぱ》は、嘉禎三年（一二三五年）、葉栗郡門真《かどま》庄の河野四郎通勝ら九人が親鸞に帰依、木瀬《きぜ》に草庵《そうあん》を開いたことに始まると伝えられ、まず真宗が木曾川流域の川の民のなかに浸透したことが知られる。蓮如が出るに及んで美濃にも多くの道場が建てられ、天台、真言など諸宗で改宗する寺院も多かったようである。その後、河野門徒は毎年本願寺に灯明料五〇〇疋《ひき》を献納、直参衆として実如忌などには上番勤仕した（天文日記）。石山合戦においては中心寺院である専福寺住持忍悟が討死したとの話が伝わっている。現代の河野門徒は、親鸞直弟子の門徒集団が八〇〇年の様々な歴史を刻み受け継がれている唯一の門徒集団だと考えられる。木曾川流域、木曾川水系の揖斐《いび》川流域、飛騨、五箇山等の養蚕が盛んに行われた地域（本願寺の領域）で作られた焔硝《えんしょう》（火薬の原料）が、又、近江湖北の鉄砲鍛冶衆が、信長に対し徹底抗戦した雑賀の鉄砲衆を支えたと川端泰幸氏が論述されている。三河門徒、河野門徒のこの歴史は、親鸞の念仏の「尊厳、平等」の救いの中で、仏法領を築き上げ、命をかけて戦った歴史なのである。

蓮如を支えた堅田の法住は琵琶湖西岸に強固な門徒集団を形成し水利を駆使し教線を拡大した、それは吉崎、加賀、能登、越中、信濃、出羽、奥州、因幡、伯耆、出雲にまで及び、広大な本願寺経済圏を育てていったのである。法住は染物業も営んでおり、法住を取り巻く人々は油屋、麹屋《こうじや》、研屋《とぎや》、桶屋《おけや》等、人々の生活を支える「職人、あきびと」であり、親鸞の念仏「尊厳・平等」を喜び、横の流通網を保障し活躍した。そして、この人々が近江商人として育っていくのである。近江商人の家訓の最初は「仏恩報謝」であったと書物で読んだことがある。

第十七条には優れた人権思想を見ることができる、そしてそれは、日本で最初の民衆による人権宣言である「水平社宣言」にその思想は受け継がれている。

念仏の営み、そのままが人を変え社会を変えていく、まさに「信心の社会性」である。この十七箇条の制禁は覚如本願寺を支持した常陸や下総の念仏集団の流れである可能性が高い（死期を自覚した親鸞は親族の行く末を常陸の門徒衆に手紙を送り託している）。他の高田派等の制禁には無い「あきなひ」の条文があるからである、つまり、「あき人、みずのたみ」がその集団の構成員にいることが確認できるからである。

親鸞の教えを根底に人々の合議によって豊かに育っていた本願寺仏法領に、自らの専制支配搾取の残された最後の領域として襲い掛かったのが信長である。一一年に亘《わた》る戦いは熾烈《しれつ》を極めた。

教団組織

戦国期における本願寺教団の組織化は直参制による「役」を介して構築されていった。戦国大名における出仕役は、知行安堵の御恩に報いる奉公であり、所領の貫高に比例して設定されるが、本願寺教団における役は、阿弥陀如来への報恩行の役であり給付金は一切ない。

直参番衆には警護役と行事役があり、物国規模に割り当てられ構成する惣が順に役に就くことになっており経費については全員で負担することになっている。つまり手弁当であり、地域ごとの中心寺院への役も同じ形をとっている、そして、本末制（教団化以前の門流段階の師弟制が転化、発展した形のもの）、一門与力制がその骨組みを支えるという組織建てになっている。

戦国期の人々は、帰属集団の意思の及ぶ範囲を「惣」という語をもって表現していた。本願寺門徒の各「惣国」の集合概念として「本願寺惣国」の存在が想定される、それは本願寺年中行事に関する役勤仕を組織的に担いうる直参衆の存在している一帯で、それ以外の門徒群は役（一揆）を担わないかわりに懇志

（兵糧）を提出して支える役割を担った。これがいわゆる「仏法領」である（金龍静氏の「戦国期一向宗教団の構造」に具体的に論述されている）。

組織の形成について特筆すべきは、地域においては、末々の惣から帰参し、ついには一国全部が本願寺に帰参するという経過を辿《たど》った。加賀は比叡山《ひえいざん》配下の白山《しらやま》の所領であったが、末々の人々から帰参し本願寺領になったのである。

蓮如が留守職に就任したのは一四五七年、四三歳の時である、蓮如は長く厳しい部屋住み生活の中で悲哀をなめながら経釈、聖教、歴史等の学びを深め、社会の状況を注意深く見聞し本願寺の未来を考え用意をしていたと考えられる。蓮如は親鸞の念仏の原点に戻り教化を始めた。その象徴が十字名号本尊《じゅうじみょうごうほんぞん》と親鸞と蓮如の連座の御影である、「帰命尽十方無碍光如来」は親鸞が掲げた名号であり、それは娑婆《しゃば》世界の全てを相対化する阿弥陀仏のはたらきであり、そして如来、親鸞、蓮如の他に何ものも介在させない「師資相承や絵系図を置かない」連座とその教えは、自治に目覚め生きようとする大衆の生きる指針となり、合議による集団の繋がりが爆発的に拡大していった。

待たれていた親鸞・蓮如

親鸞、蓮如が、尊厳、平等を希求する大衆に待たれていたのである。蓮如は身の安全を守るためにも、主に水路、海路で移動し布教に当たった。

近江、摂津、吉野、紀伊、三河、美濃、河内、堺、加賀、能登、越中、越前、越後、信濃、出羽、奥州、と山門の迫害にあいながらも基盤を固めていった、そして高田派以外、仏光寺派等はほぼ本願寺に帰参したのである。その後、山科本願寺焼失後、石山本願寺を中心に広大な本願寺教団が運営されることになるのである。

オーガナイザーとしてのカリスマ蓮如がいなければ成就しなかったが、もともとこの生活圏を作り上げたのは末々の民衆であったことを確認しておかなければならない。しかし信長、秀吉に屈伏した顕如はこの人々を見捨てた。自ら命を掛けて作り上げた仏法領を守るために最後まで戦い抜いた人々が貶められた。その人々こそが権力者にとって一番恐ろしい力だったからである。

本願寺教団の転向と近代における西光の指摘

その後本願寺は幕藩身分制度の維持に協力し最後まで闘い抜いた人々を穢寺に集約し監視・監督して「悪しき業論」を説き教団の維持に迷走し続けたのである。

現代の本願寺教団の体質も基本的には同じであり、そのことに気づこうとしないのが現状である。そしてその教学は人々のいのちに全く響かない空虚なものとなっており、西光万吉《さいこうまんきち》はそのことを厳しく指弾しているのである。

他者からケガレ視されることが如何に底の深い苦しみであるかということについて共感が深くなるにつれて、それまで自分の味わってきた苦しみなどは、たかがしれたものであるという感じが確固たるものとなってきた。自分の苦しみなどよりもはるかに深い苦しみを苦しんでいる他者の苦悩に共感するという生き方を断念するというその時から人間の頽廃がはじまる、それは被差別部落とは権力の作為によって形成されたものであり、思想弾圧を目的とする賤民制であるという事実から目をそらし、傍観者の立場に立とうとすることである。（石尾芳久）

西光万吉が「水平社の姉妹たちへ」の中で「いついかなる世にも、いまだかつてあたえられた自由はなかったのです。つまり他人はけっして自由をあたえてくれるものではない。真の自由は自分自身の懸命な闘争によってでなければ、えることはできない、わるいままの社会の眼に見えぬからくりを根本から打ちこわし、そして今度はよりよく組織するためにはたらくということを、判然と識らねばなりません。はたらきだとかいってみても、真の運動とはなにかということがわからないとどうすることもできませんので、まず第一に私たちが、なぜ永い間土の底に住むもぐらのようなかなしいくるしい生活をつづけさせられてきたのか識らなければ、運動の理由も、方法も、目標も分明しません。私たちが真剣にこの運動に参加するためにはただいたずらに感情にのみはしらず、しずかに事物の真相を検討してかかることがなによりもまず肝要なことではありますまいか」と締めくくっている。

被差別部落の本質についての石尾説

石尾芳久はその著書において、様々な事例を検証し被差別部落制度の本質を、「近世賤民制の独自性という問題であります。このことは、やはり太閤検地におけるかわた記載という肩書という事実に認められるようなかわた身分の全国的規模における確定という、国家権力の側からの賤民の組織化という事実と、検地政策を進めながら行われた勅命講和以後の一向一揆の抵抗者の摘発とその身分貶下という事実、両事実の一体性ということであります。とくに差別戒名の問題というもの、穢寺、穢多寺の組織というものは、京都の四ケ寺——本末関係が共に穢寺であるという——しかもこの穢寺の組織が太閤検地と接続する時期である文禄・慶長年間に形成されているということからしましても、近世の賤民制が権力とその手段に転向した大寺院との合体にもとづいてつくられたものであるということは、明白である」として、西光万吉の問に答えている。

刀狩りは民衆の武装解除であり検地は民衆自治の解体であり、これによって身分差別支配制度が秀吉によって徹底され、天正八年の勅命講和以後も徹底抗戦した親鸞の念仏の人々が被差別身分に貶められその生業と共に固定されていった。

本願寺教団の欺瞞に気づいた西光の反論

西光は「業報にあえぐ」の中で大谷尊由の「水は無形です。無形は平等です。波は起伏です。起伏は差別です。水をはなれて波なく、波をはなれて水なし。水波相即して海がなり立っているのである。水が無形なればこそ、風にまかせて波の有形がなり立つ。波の有形はけっして水の無形をはなれていない。こういったありさまで法性平等、迷悟一如の平等、種々の原因にさそわれて現実の差別をあらわしている」という現実の世界に全く無関心な、悪平等論にもとづき「聖人の同朋主義の価値は、これを法悦生活の上に体験せねばならない。社会改造の基調などにひきつけるにはあまりにたっとすぎる、自然になり立つ差別は差別として、その上に人類平等の理想を実現しよう、差別を生ずるすべての原因が消滅しつくすことは、人間の社会ではとうていのぞまれない。したがって差別も消滅しない」という幕藩体制権力に協力し身分差別制度の維持に努めた当時の教学は「今も本質的に変わっていない」とすることに対して、「私はなんじのいうごとく、現代社会の反抗者かもしれないが、それはそれがあまりにわれらの『人間』を冒瀆するからだ。そしてなんじは、私が社会進化の反抗者ではなく『よき日』の信者であるということもわすれずにおぼえておくがよい。われらは、われらの『人間』生活に抑圧を加えるための僭越なるくわだてをともなういっさいの誤親切をおことわりする。偏頗なる浄罪のわらうべき誤芳志はいらない。われらにいるものは、真に『親鸞の魂にもえた信仰の焔』である。その正邪、善悪のなにものをもやきつくす業火なかにひらく、超倫理の精華である」と反論し、「人間を尊敬することによってみずから解放せんとするものの集団運動をおこせるは、むしろ必然である。――われわれは、かならず卑屈なることばと怯懦なる行為によって、祖先を辱しめ、人間を冒瀆してはならぬ。そうして人の世のつめたさが、どんなにつめたいか、人間を勦ることがなんであるかをよく知っているわれわれは、心から人生の熱と光を願求礼讃するものである。人の世に熱あれ、人間に光あれ」と、全国水平社を創立した。

そして「因果的必然は私をして水平運動に参加せしめた。兎の毛、羊の毛の毛さきにいるちりばかりもつくるつみの宿業にあらずということなしと知らねばならぬにもかかわらず、大悲は私になさせてくれた、私にさせてくれた、そこに私のよろこびがあり、感謝がある」と、関東において布教した親鸞の念仏こそ、西光万吉をして全国水平社の創立に導いたのである。

関東で親鸞と念仏した人々は仏に成ることができる「人」であるという、その尊いいのちを慶《よろこ》び、喜びあえる御同朋の営みを築いた、その念仏の営みは「みずのたみ」の、見事にしたたかな活躍を中心に「仏法領」を精華させた、しかし、「尊厳・平等」こそが最強の敵であると怖れた信長、秀吉がその権力を尽くしてその人々を殺害し、最後まで戦い抜いた人々を貶め、身分差別制度をつくり、顕如以降の本願寺が具体的に「教学も含め」身分差別制度を定着させていった。

おわりに

一八七一年のいわゆる「解放令」以後、被差別部落の人々は、仕事も奪われ過酷な差別の中で塗炭の苦しみの生活を強いられた。しかし、その苦しみの中にある人々のなかから、尊厳を、平等を願求礼讃《がんぐらいさん》する念仏の闘いが起こされ、人を、社会を問い、変えていった。親鸞の念仏をするものは、この立場に立ち、決して逃げてはならない。

そして私自身、ささやかながら三〇年前一宇を設けさせて頂き歩みを進め、各法要や行事において、お同行が溢《あふ》れ入りきれず、日程を増やしご案内させて頂いているのが現状であるということを申し添えておきたい。平等に仏になることが約束された人としてその尊厳を共に喜びあえる所がお寺であり、その事を基本として、共に具体的な社会や地域の課題に、又、一人ひとりの課題に継続して取り組んで行くことが私たちが歩みを進める道である。そして、その事について最後まで逃げてはならないのである。「尊厳、平等」の親鸞の念仏こそが「いのち」を輝かせる。

この私の論説を締めくくるに当たり、現代社会における仏教者は、今、どの仏教に生きるかが切実に問われているのだということを述べておきたい。

補注一

【専修念仏弾圧】

一二〇〇年（正治二）		幕府、専修念仏を禁ず
一二〇四年（元久元）		山門衆徒、天台座主真性に専修念仏の停止を訴え
	一一月七日	七箇条起請文（僧綽空の署名有り）
一二〇五年（元久二）	一〇月	興福寺衆徒、念仏禁断の訴状（興福寺奏状）
	一二月	念仏宗についての宣下
一二〇六年（建永元）	二月一四日	興福寺衆徒五師三綱、念仏宣下について摂政良経に強訴院宣を下し、法本房行空・安楽房遵西を召し捕らえる（一説流罪決定）
	一二月	住蓮・安楽房遵西、鹿ケ谷で六字念仏を厳修
一二〇七年（承元元）	一月	専修念仏の輩停止を重ねて宣下
	二月上旬	一向専修の輩を召し捕らえる （藤原定家の「明月記」の建永二年二月九日の条に「…近日ハタダ一向専修ノ沙汰ナリ。搦メ取ラレ拷問セラル云々、筆端ノ及ブ所ニアラズ」）
	二月下旬	死罪・流罪決定 専修念仏の禁止（太政官布告「厳制五箇条裁許官符」） （鎌倉末期に成立した史料「皇帝紀抄」によると二月一日に刑が確定）
	三月	刑が執行

※一二〇七年（承元元）一二月八日　法然に赦免の宣旨下る（摂津勝尾寺止め）
一二一一年（建暦元）一一月一七日　法然赦免により入洛
一二一一年（建暦元）一一月一七日　親鸞赦免
一二一二年（建暦二）一月二五日　法然入滅
一二一四年（建保二）　上野佐貫　常陸

一二一七年（建保五）三月　空阿弥陀仏、四九日の念仏会主催。山門衆徒蜂起の風聞で念仏衆逃散
一二一九年（承久元）二月　専修念仏停止の宣下る
※一二二一年（承久三）　承久の乱
一二二四年（元仁元）八月　山門衆徒の訴えにより専修念仏停止
一二二七年（安貞元）六月二二日　山門宗徒、大谷の法然の専修念仏停止
※嘉禄の法難　七月　幸西・隆寛・空阿が流罪
七月　専修念仏停止
一〇月　山門宗徒、「選択集」の版木の焼却
※一二二八年（安貞二）一月二五日　法然の遺弟ら、法然の遺骸を粟生野に移して荼毘に付す
※一二三二〜一二三五年の頃　親鸞、帰洛
一二三四年（文暦元）六月三〇日　朝廷、専修念仏を停止
七月　念仏宗の事により藤原教雅を流し、与党を追放

一二三五年（嘉禎元）七月二四日　幕府、黒衣の念仏僧の都鄙往来禁止を奏請
一二四〇年（仁治元）五月一四日　山門宗徒、専修念仏の停止を幕府に請う

補注二

【親鸞四一、二歳当時の天災飢饉の実態】（吾妻鏡、百錬抄）

一二一三年　親鸞四一歳
　一月一日　地震　五月炎旱土民東作営忘
五月一五日　両度地震　一三日　大地震
六月　　炎旱旬に渉る　七月七日　大地震
八月　　旱魃祈雨　八月一九日　地震
和田氏乱　二月から明年秋まで
八月二九日　九月一二日　大地震
九月一七日　大地震
一二月一日　火災　同一一月一三日　地震
尾張・美濃・近江等の土民、煩い已に以て千万悉く東作の勤を忘る云々
親鸞四二歳当時
　二月一日同七日　地震

四月三日　大地震　五月炎旱旬に渉る
六月諸国炎旱を愁う
八月七日　甚雨洪水　八月一〇日　大雨大風
大風吹洛中舎屋破損顚倒不可勝計
九月二二日　大地震　一〇月六日　大地震
和田氏反乱一一月まで続く

【鎌倉時代の庶民の窮状の実態】（鎌倉時代の農民らの訴状）

一、臥田の事、領家の方へふせ鎮められて候を其上に地頭の方へ、又四百文ふせられ候ぬ。又其上に年別に一反に二百文づつ臥科を攻め取らるる事、勘がたく候。

一、収納の事、今までは百姓ゆらつき候つれども、地頭の京より新使に下の公文四郎を下して、河海にせめ候えば湛難してせめ取られ候いぬ。

一、十月二十五日より、地頭太郎孫四郎上下三十五人百姓の許に仕来居候て、色々の物を攻め取らざらん限り、何十日も立つまじと候て、一日厨三斗づつ、し候事、湛え苦労ばかりも候わず、其上に馬の飼の馬草、一日に一斗三升攻めとり候、其上に豆、小豆、粟、稗を取りわかること湛え難く候。

この条々の非例にて攻められ候間、百姓所安堵しがたく候

補注三

【天文五年の排水争論】六月二七日

大坂寺内町において桧物屋町から北町屋に落としていた排水の溝を去年より北町屋が土を高く盛って排水の溝をふさいでしまったので、六月中旬頃には桧物屋町に水があふれ「ほくりあしたなど（下駄等）」をはいても歩けないというような状態になった。桧物屋町の若衆らは、元の如く排水の溝を切ってしまおうとする自力救済の行動にでようとしたのであるが、桧物屋町の宿老はこれをとどめ、本願寺に提訴した。これは、自力救済よりも、法廷闘争を重んずるという見解を示したもので、寺内町においてこのような裁判重視、法廷闘争重視の思想が、むしろ卑賤視されていた桧物屋町町人よりおこりつつあったという事実に注目する必要があり、これは寺内町における自治が、本格的段階に入りつつあったことを示すものである。寺内町における法廷闘争の重視、裁判領主としての本願寺宗主証如の合理的法発見への努力は、正法の発見が身分差別という卑賤視を克服するという動向に必然的関係にあることを見抜いていたことを示すものであると考えられる。

証如はこの事実に対し、第三者たる「坊主衆」の証言によって、古来の排水路が桧物屋町の主張通りであることを確認し、その上で単に排水路を古来の如く復旧するのではなくして、新たにこの二ヶ町にとって有利な排水路をつけるという合理的な裁許を下しているのであって、正法の発見を通して呪術的卑賤観とたたかうという町人の動向に答えたものということができるであろうと、石尾芳久が述べているが具体的には、工事を命じられた北町屋が大水が出るまで命に従わなかったので、強制執行の断を下し番衆にその工事に当たらせ費用を北町屋に負担をさせている。寺内町にあっては職業、身分について差別を認めない自治が行われていたことがうかがえる。自治の運営の基本は多数決は許されないことであり、一人の意見を切り捨てれば、そこから権力者が自治壊滅のために手段を選ばず介入してくるのが身にしみてわかっているので意見がまとまるまで「寄り合い」をもったのである。そして、自分の利害のために自治を損なう行動については厳しい処断がなされている。

参考年表

一一七三年	親鸞誕生	
一一八〇年	以仁王の乱	八歳
一一八一年	得度　平清盛　死去	九歳
一一八五年	壇ノ浦の戦い	一三歳
一一九二年	源頼朝征夷大将軍	二〇歳
一一九八年	法然「選択集」	二六歳
一二〇一年	専修念仏に帰す	二九歳
一二〇五年	選択集書写	三三歳
一二〇七年	流罪　専修念仏停止	三五歳
一二一二年	法然死去	四〇歳
一二一三年	和田合戦	四一歳
一二一四年	上野佐貫を経て常陸へ	四二歳
一二二一年	承久の乱　聖覚「唯信抄」	四九歳

一二二四年　「教行信証」草稿本成立　五二歳
一二二七年　嘉禄の法難　五五歳
一二三一年　建保二年の「三部経」読誦を反省　五九歳
一二三二年　帰洛　六〇歳

参考文献

石尾芳久『部落起源論』三一書房、一九八六年
石尾芳久『一向一揆と部落』三一書房、一九八三年
石尾芳久『続・一向一揆と部落』三一書房、一九八五年
西光万吉著、西光万吉集編集委員会編『西光万吉集』解放出版社、一九九〇年
千葉乗隆「本願寺教団の展開と掟」（『本願寺教団の展開』永田文昌堂、一九九五年）
金龍静「戦国期一向宗教団の構造」（『本願寺教団の展開』永田文昌堂、一九九五年）
平雅行『日本中世の社会と仏教』塙書房、一九九二年
平雅行『親鸞とその時代』法藏館、二〇〇一年
平松令三『親鸞聖人絵伝』本願寺出版社、一九九七年
梅原真隆『御伝鈔の研究』永田文昌堂、一九六七年
萩山深諦『親鸞傳新考』法藏館、一九八八年

星野元豊・石田充之・家永三郎『親鸞』〈日本思想大系11〉岩波書店、一九七一年
二葉憲香・松尾博仁・福嶋寛隆『歴史のなかの親鸞』永田文昌堂、一九九八年
梯実圓・平松令三・霊山勝海『念仏と流罪―承元の法難と親鸞聖人』本願寺出版社、二〇〇八年
同和教育振興会編『講座同朋運動 西本願寺教団と部落差別問題』第四巻、明石書店、二〇一九年
波佐間正己『四十八願の浄土』探究社、二〇〇八年
草野顕之編『本願寺教団と中近世社会』法藏館、二〇二〇年

＊年代考証は主に平雅行、石尾芳久の論説に依る。

「一向一揆起源論」とその論理構造

小笠原正仁

はじめに

部落差別という行為が間違っており、憎むべきものであることは誰もが認めることであり、あらためていうまでもないことである。それは、人間の本質的平等の思想を具現化し、規定した日本国憲法においても明らかである。そのように本質的なことであるにもかかわらず、現在もなお差別行為は存在している。(1)

この憲法の目的を達成するためにさまざま手法がとられなければならない。差別事件が個別的に生起することを考えれば、臨床的事例に対して、対症療法的な個別立法の手法も必要とされる。そして、部落差別それ自体の本質的考察からの取り組みもまた必要となる。

かつて筆者は、近世賤民制度の本質を論じた石尾芳久の提起した「一向一揆起源論」について、以下のように述べた。

石尾芳久氏によって提起された「一向一揆起源論」は、通俗的には先祖探しレベルで理解されている節がある。つまり、いわれているところの貴種流離譚や落武者伝承に符合させて、先祖は武士だったとか、そうでなくても、賤民ではなかったと考えるのである。もちろん、氏も賤民の起源を永遠の過去に遡らせる方法論を批判して、氏の説を提起されたのであるが、それは、賤民制度そのものを権力支配の産物として相対化するという立場でのことで、個人の問題に還元していいということではない(2)。

石尾芳久は、戦後、マックス・ヴェーバーの社会科学の方法論、とくに翻訳やその解説などによって、その手法を日本に紹介し、学会に貢献してきた一人である。彼が、被差別部落の歴史的起源を論じるというのは、あくまでもヴェーバーの方法論に従って、その歴史事象の概念と本質を理念型として提示するということである。今一度、石尾の提起した「一向一揆起源論」を考えてみたい。

理念型としての一向一揆起源論

その理念型と歴史学について、マックス・ヴェーバーは以下のように述べる。

概念はむしろ、経験的に与えられたものを精神的に支配するため目的のための思想手段であり、またもっぱらそうしたものでありうるにすぎない、ということを、徹底して考え抜いた者にとっては、鋭い発生的概念が必然的に理念型であるという事情は、そうした理念型の構成に反対する理由とはならないであろう。かれにとっては、概念と歴史的研究との関係が逆になる。上記の〔歴史学派のいう〕最終目標は、彼には論理的に不可能と思われ、概念は目標ではなくて、むしろ、個性的な観点からみて意義のある連関を認識するという目的のための手段である。そして、まさに歴史的概念の内容が、必然的に変遷を遂げるからこそ、歴史的概念は、そのときどきに必然的に鋭く定式化されなければならない。かれが要求することは、ただそうした概念を使用するにあたって、それが理想的な思想形象である性格を注意深く堅持し、理念型と歴史を取り違えないようにすることだけであろう。(3)

石尾が提起した「一向一揆起源論」はまさにこのヴェーバーのいうところの「理念型」である。それではどのような理念型を、石尾は提起したのか。(4)

近世賤民制の本質は、思想弾圧を目的とする賤民制という点にある。(5)

これが、近世賤民制度の本質であり、理念型なのである。これを石尾は歴史的過程に対応させる。

被差別部落の起源が、天正八年の石山本願寺合戦における勅命講和以後、なおも抵抗の闘争をつづけた一向一揆を粛清する過程において決定的に成立したという事実も、右述した近世賤民制の本質と必然的な関係にある。(6)

弾圧された思想というのは、一向一揆粛清において対象となった思想である。そのことを具体的に続けている。

一向一揆は、仏のもとの平等という思想をもって呪術的な血統観念・差別観念を克服して平等な信仰団体を形成すること、その意味における自治的都市（寺内町——宗教的自治都市）、自治的農村（惣村）を形成する宗教的一揆であった。人民の自治的精神の土台となる運動であった。それ故、勅命講和以後もなお抵抗をやめなかった一向宗の門徒衆は、最も強烈な自治的精神を有する信仰の人々であった、ということができるであろう。(7)

すなわち、粛清対象となったのは、一向一揆という宗教的自治都市建設運動を担った人民であり、かれらの自治的精神であり、それを支えた浄土真宗の思想であり、信仰であった。その弾圧の日常化がその後の支配を構築する専制主義的権力によって行われる。

織豊政権や幕藩体制の専制主義的権力にとって、これらの人々の精神を骨抜きにすることが権力の人民統治の一の主要な目標であったのである。人民の自治的精神を喪失せしめる最も有効な手段は、人民を身分差別の体系の中に編入することである。就中、最下層の賤民身分に身分貶下することである。賤民身分に身分貶下された人々は、些少な一段階でも上昇しようとする地位志向性の心情に陥らざるを得ない。このような心情を利用して事実上の意味の役人として警察・行刑役を負担せしめたのが近世の専制主義の権力であった。(8)

石尾のいう「役人村」の形成である。しかし、ここで重要なのは、「身分貶下された人々は、些少な一段階でも上昇しようとする地位志向性の心情に陥らざるを得ない」という指摘である。これは、弾圧による身分貶下《へんげ》（卑賤《ひせん》観）の内面化である。差別され、抑圧された人々が、その投げかけられた差別をみずからの意識に内面化するというのである。さらに続けて石尾は述べる。

人間性蔑視の極限を示したものである。賤民身分に身分貶下されて地位志向性の心情におとしいれられた人々の間には、かつての自治的連帯の団結は存在し難くなるという傾向がある。自治的連帯は解体に瀕しているのである。かくして、自治的精神と深いつながりのあった純粋の宗教的真情は、徹底した弾圧をうける状況となった。ここに近世賤民制の本質が思想弾圧を目的とする賤民制であるという理由が存する。(9)

賤民制度の構築を、このような民衆の意識付けつまり民衆教化とともに行うために、それまで民衆自治の旗頭として「寺内町」を率いていた大寺院の宗教的指導者の「転向」が決定的となる。

身分差別の体系の重圧を人民に思い知らしめることは、専制主義的権力と、真の意味の宗教思想を喪失し呪術観念の温床へと転向した大寺院との合作によって行なわれた。太閤検地における全国的な「かわた」身分創設と接続する時期に穢寺組織がつくられ、差別戒名がつくられたという事実は、身分差別の重圧が死後にも継続する重圧であることを思想的にも徹底し、身分体系に包摂されるよりほかに生きる道がないことを人民に思い知らしめようとした賤民制――思想弾圧を目的とする賤民制であることを明証するといえよう。(10)

そして、幕藩体制は、それまで中世における法の支配のいくつかの発展の可能性を否定し、ヴェーバーのいう支配類型の一つである「家父長的家産制」の性格をもつ「専制主義的権力」へと進むと石尾はみるのである。

幕藩体制の思想弾圧を目的とする身分差別政策は、広く人民一般を統治する基本政策であった。近世における人民の民事紛争について内済が原則であったことは、周知の事柄である。人民が法廷闘争の主体となることをできる限り拒否しようとする近世裁判体制の基本方針があった。これは、法廷闘争が階級闘争の原点であることを、専制主義的権力はよく承知していたのである。近世の賤民制は、このような専制主義的権力の思想弾圧を目的とする人民に対する統治政策・身分政策の極限の権力政策を意味する。(11)

石尾は、専制主義的権力の民衆支配のメルクマールを「太閤検地《たいこう》」における「かわた記載」とみている。織豊《しょくほう》政権は、中世的身分を継承しながら形成してきた民衆共同体をあらためて「太閤検地」によって、その身分解放への契機を否定する身分政策の楔《くさび》を打ち込んだのである。

理念型という方法論

「理念型と歴史とを取り違えないようにする」ことが重要である。際限のない記述を歴史と勘違いせず、概念的に再構成され加工された表現としての理念型こそが、社会科学における比較と類推を可能とすることは言を俟たない。

つまりは、石尾は、中世から近世へ時代が移行する際に、賤民制の質的変化を「思想弾圧の手段」としてとらえており、①民衆に対する身分による広範な分断政策が太閤検地でおこなわれ、それを②転向した大寺院（教団）が日常的教化を行なうという構造として提起しているのである。

石尾説がこのような権力支配に対する理念型である以上、近世賤民制はひとり、被差別部落だけの問題ではない。言い換えれば、日本は近代化の過程でそれらの問題を克服しえたのかということになる。近代法の継受の過程で、これらの問題を如何に克服したのかが新たな問題となるというわけである。

一向一揆起源論と現代の部落差別

民衆自治の思想弾圧が、近世賤民制度の本質であるとして石尾はその理念型を提示した。それは民衆が、支配イデオロギー、あるいは権力支配に対して批判原理をもちえない状態を表しているということである。民衆が権力を相対化できず、その支配に屈してしまうという状況である。

近世賤民制度における、思想弾圧の状況は、権力が「法の支配」という権力への抵抗を拒否することを示している。これは、近世幕藩体制が法を公開せず、「内済」をすすめ、裁判による「私権」の形成を拒否していたこととも整合する。

つまり、権力を相対化する法の形成、あるいは私権の発展と、自治思想弾圧による差別制度の導入で、民衆の自律的精神を破壊したという一見、カテゴリーの異なる状態を、権力は巧妙に取り込んだということなのである。

そもそも、法は両刃の剣であり、権力行使をも制限するものである。しかし、権力行使を制限せず、民衆支配のみの法も存在する。それは律令法に淵源《えんげん》するもう一つの「罪刑法定主義」でもある。これらの法制史的成果を石尾はその粘り強い思考と精神力で、「近世賤民制度」の理念型に結晶させた。

これこそが石尾説が提起した近世賤民制の理念型の重要な問題である。つまり、賤民制度はこれらの「法の支配」（秩序維持）とも整合的であり、権力への批判を許容しないものとして維持され、民衆の監視に利用されたのである。

おわりに

部落差別を「封建遺制」とみて、そのうちになくなるだろうという見解もある。また、前近代と近代を明確に分けて、考察する説もある。そして、「共同幻想」として下部構造の上部構造への働きを補完する説もある。

「部落差別の解消の推進に関する法律」が「部落差別の存在」を前提として制定され、そのことによって部落差別を固定するという意見もあるが、差別の現実に立った、立法政策は解放の基本である。

重要なのは、部落差別を考える解放の視点として、被差別者も差別者も解放されるという点である。

しかし、現在でも常に課題となる行政行為の肥大化は「法の支配」という枠組以外でのカテゴリーをめざし、本来権利を享受する側がそれと妥協するならば、結果的にみずからが基本的人権を放棄しているといえるだろう。

このように考えるならば、差別に対する意識変革は、構造的な制度変革に立たねばならないということになる。

部落解放にとって、日本人の意識に働きかけるという「倫理的・道徳的」な課題より先に、具体的に権利が保障されるということが重要なのである。法制度が確立し、運用されれば、意識は変化する。たとえば、差別意識をもっていたとしても、具体的な差別行為をさせないという、倫理的にも規制する法制度が必要なのである。「法の支配」を前面に出せば、「意識」ではなく、差別は「行為」だということが明白になる。

前述したように、部落差別は、ひとり被差別部落の問題だけではなく、「法の支配」という観点からの日本人の人権状況のメルクマールと考えることできる。つまり、権力、あるいは秩序の表象として部落問題を考えるべき視点が、石尾の提起した「一向一揆起源論」という理念型に示されているのだ。しかし、残念ながら、我々の部落差別への認識は、石尾の示した理念型にある差別状況を問題にすらしえていないのである。

註

（1）部落差別の存在について、「部落差別の解消の推進に関する法律」の第一条に規定されている。

「第一条（目的）この法律は、現在もなお部落差別が存在するとともに、情報化の進展に伴って部落差別に関する状況の変化が生じていることを踏まえ、全ての国民に基本的人権の享有を保障する日本国憲法の理念にのっとり、部落差別は許されないものであるとの認識の下にこれを解消することが重要な課題であることに鑑み、部落差別の解消に関し、基本理念を定め、並びに国及び地方公共団体の責務を明らかにするとともに、相談体制の充実等について定めることにより、部落差別の解消を推進し、もって部落差別のない社会を実現することを目的とする」

と規定されている。

（2）拙稿「『部落起源論』メモ」『仲尾俊博先生追悼論文集　信心の社会性』財団法人同和教育振興会編所収、一九九八年、一六三頁

（3）マックス・ヴェーバー著『社会科学と社会政策にかかわる認識の「客観性」』富永祐治・立野保男訳、折原浩補訳、岩波書店（岩波文庫）一九九八年、一四九頁

（4）石尾芳久『続・一向一揆と部落』三一書房、一九八五年、三頁

（5）前掲書、三頁

（6）前掲書、三頁

（7）前掲書、三頁

（8）前掲書、三頁

（9）前掲書、四頁

（10）前掲書、四頁

（11）前掲書、四頁

※本稿は「和歌山人権研究所紀要第8号」所載の論稿を改稿したものである。

石山本願寺合戦と部落の成立

石尾芳久

日本法の歴史の発展と反動

ただいまご紹介をいただきました石尾でございます。専門は、日本法制史といいまして、日本の法律の歴史をやっております。日本法の歴史をやっている人間が、どうして、こういう問題に学問的関心を深くもつようになったかということを、まずお話しいたしまして、そのことがこの問題を解く、つっこんでいくひとつの方法になると思いますので、まずそのことからお話ししたいと思います。

私の最初の著作は『日本古代法の研究』といいます。現在、満六七歳で戦中派であり、軍隊にもおりました。そこで、天皇制の問題を深く体験させられました。たくさんの戦友も失いました。そのため、日本天皇制の本質を明らかにしたいと思い、日本の天皇制の起源を究明する方法として、古代の法制そのものの研究にはいったのであります。今から三十数年前に『日本古代法の研究』という著作を書きました。その時の序文に日本の歴史を概観してみますと、とくに裁判、刑罰の歴史を考えてみますと、古代ないし中世におきましては、とくに中世の武家法、鎌倉時代の武家法でありますが、それにおきましては、たとえば、侍身分に限定してではありますが、拷問を禁止する。前近代論でいえば、すべて拷問をつかったように考えやすいのですけれども、そうではなく、拷問を禁止するという規定ができてくるのです。それから刑罰にしても、むしろ財産刑といいまして、中世武家法ではそれを所領没収刑とよんでいるわけですが、そういう財産刑を主にした刑罰体系でありまして、惨虐な死刑を中心とする刑罰体系ではありません。

むしろ、近世すなわち、織豊《しょくほう》政権から幕藩体制にかけまして、たとえば、刑罰としましてきわめて惨虐な刑罰を行うようになるのです。死刑の執行がありますが、鋸引《のこびき》——竹ノコギリで通行人に首を引かせるということ、あるいは磔《はりつけ》、獄門です。それから犯人が自害した場合には、塩漬けにして保存した遺体を磔にかける。死体を凌辱《りょうじょく》するという言語道断の考えがでてきます。女子の場合には、例の遊女奉公がありまして、これは一五歳から客をとり、それから一〇年ほどしか生きられなかったのですから、二二〜二三歳で、死亡する。その場合に、遺体は雇い主にまかせるという遊女奉公請状の一札がいれてありまして、例の投げ込み寺に、死体を投げ込むわけです。葬式はしません。しかも犬猫と同様に手足を縛りまして投げ込むことが平然として行われた時代です。

法律や裁判の問題にしても、中世までは堂々と法廷闘争をやっていたのですが、近世になり、民事裁判は原則として、内済である。現在では調停和解といいますけれども、法廷闘争を公開的に行うことを非常に嫌いまして、ただ妥協して比較的力の強い方に有利な決定をだすという安易な方法に依存するようになります。こうなってきますと、はたして古代から中世、中世から近世、近代へと連続的に発展したのかということが問題になります。私の考え方は、三十数年前の先の著作において、近世にはいる直前の中世の末期から戦国期でありますが、その時点で発展の方向が阻止されてしまう大きな反動の時代にはいるという状況があったのではないかと考えまして、そのことを序文に書いております。

当時では、マルクス主義の全盛の時代でありまして、歴史的発展を教条主義的に考える考え方が強かったのです。今でも、近世という時代が近代をはらむ非常に明るい時代だったという説が多いのですが、どう考えてもそう思えないのです。むしろ思想史的には根強い反動の時代だったのではないかと思います。このように法制の歴史全般の方向からでありますが、右に述べてきた反動的近世ということが、部落問題の歴史的研究にはいる、ひとつのきっかけになったと考えるわけです。

役人村としての近世部落

いまから二十数年前になりますが、私の勤務する関西大学でも部落問題研究室をつくりました。私が法学部を代表してその設立の委員になったのですが、その時はちょうど本格的に近世法の研究にとりくむ時期でした。もちろん、事実上の認識なり、いろいろな経験はあったのですが、学問として部落史を研究する、本格的な研究にいたった第二の出発点は、ここにあるわけです。その時に、まず気付きましたのは、近世において被差別部落が、なぜ役人村と称されているかという問題です。

関八州の「エタ」頭、「エタ」の棟梁《とうりょう》といわれております浅草弾左衛門《だんざえもん》という人がいますが、その弾左衛門の組織を弾役所といっています。大坂の方でも摂津役人村というのがあります。要するに、なぜ被差別部落は、これは事実上の意味においてでありますが、役人村と称されたのか、という問題があります。近世の被差別部落は、役人村を中心として組織された確固たる賤民制度であるというところに、その特質があります。

アジア的専制主義支配と賤民官僚制

そこで、なぜこの賤民と身分を指定された人々を役人として使ったのか。この場合の役というのは、例の警察役行刑役のことです。行刑役と申しますと、死刑を執行する、そういう役目です。要するに役人村というわけです。これが一点目の問題です。この役人村という考え方が、近世被差別部落の本質をあらわしているのではないかと思います。ここには、法律上の意味ではありませんが、事実上の意味での賤民官僚制、つまり賤民を官僚として編成するという考え方があります。その編成する組織が近世幕藩体制にいたりまして確固たる組織になっていきます。このことは、やはり広くアジア社会に共通の存在でありました専制主義的な官僚制、専制君主の官僚制をあらわしています。

江戸時代は封建制ではないかとお考えになりましょうが、その実質は、こういう賤民を官僚としてつかう専制主義支配ということであります。賤民は、専制君主の家父長的な権威に非常に忠実であります。家内奴隷から選んだ官僚は専制君主の意志に最も忠実です。恭順であります。そういう人たちを官僚として編成する。これは、前近代に広くみられますところの、いわゆる家父長的意味の官僚制、これを学問的用語として家父長的家産官僚制といいます。専制君主の家父長的な権威に奉仕する、そういう官僚制を編成しました。わが国もその例外ではありません。むしろ反動の始まる近世におきまして、そういう意味の実質的には専制主義の支配と、それに対応する家父長的な官僚制が編成された、ということです。

遍歴職人と海賊衆に対する身分貶下

二点目になりますが、やはり中世の末期から近世にかけまして、職人層は、遍歴職人から次第に定住していくわけですが、その職人層がなぜ卑賤視《ひせんし》されたのか。これが皮細工の職人とかいうのであればよく解《わか》るのですが、そうではない。たとえば、染色関係の人、この人らは青屋《あおや》といわれています。この他にも多くの職人、鍛冶屋、鍛冶の者といわれる人々、さらに山の民、海の民。海の民を海賊衆といいます。

海賊衆とは、なにも海上の犯罪行為をする人々をいうのではありません。海上交通の管理権をもっていて関銭《せきせん》を徴収する人々であり、海の民ともいわれています。私は最近にいたるまで数年間、広島の人々と一緒に例の安芸門徒の研究をしております。この安芸門徒は、実は広範囲の人々がこの海賊衆にふくまれておりまして、山陰の石州《せきしゅう》の門徒の人々もこれと一体となって行動している場合も多くあります。そういうのをみていきますと、海賊衆が江戸時代の「エタ」になったと記する史料もあります（「福山志料」）。あるいは石州では、海賊という言葉が、ちょうど被差別者を意味する蔑称になっています。海賊政之助の由緒書というものもあります。この海賊衆が、なぜ、こういうように身分貶下《へんげ》されたかという問題であります。

それから青屋ですね、青屋、染色です。藍染屋のことですが、青屋という人々がなぜ、賤民として編成をされたのか（例外はありますが）。有名な歴史学者、名前はあげませんが、青屋というのは、手が青くなるから卑賤視されたのだという論文を書いた人がいます。これは、あまりにも短絡的思考ではないかと思うのです。決してそんなことではない。皮細工職人もそうです。なぜ、こういう人たちが決定的な卑賤視をうけるようになってしまったのか。私は職人層、海賊衆という人たちは本来は宗教的な自治都市をつくっていこうとした人々だと思うのです。いわゆる寺内町です。

宗教的自治都市としての寺内町

この宗教的自治都市の問題が非常に重要であります。たとえば、大坂の寺内町は、石山本願寺を中心にして発展しました。そこに自治が育てられ、最初は治外法権ではないですが、いろいろな特権を獲得していきます。しかも自治の基本は身分解放であったと、私は思っています。自治といいましたが実は身分解放の運動であったのです。卑賤視されていた職人層は、都市の市民になることによってみずからを解放していきました。実は、このことは日本だけでなくヨーロッパでもごくあたりまえの現象であります。「都市の空気は自由にする」というのはヨーロッパ中世の格言であります。都市の市民になることによって自由を実践することができる。その場合に、後で申しますけど、従来の石山本願寺合戦の歴史をみますと、私も改めていろいろと読み返してみまして、宗教を実践からきりはなして叙述するという見解がはなはだ多いのに気付きます。

宗教は実践とはあまり関係のないものだ。本来は、宗教的な行動と実践的行動は違うものだという考え方があります。しかし、仏性の絶対的平等という考え方が、人間の現世の現実的平等という問題の推進力にならないはずはないと思います。ですから私は、宗教と実践という場合に、中世の時代におきましては、宗教はむしろ実践の原動力であったと考えたらよいと思っています。これが、この問題をつうじての私の考えであります。後で詳しく申しあげましょう。

それから、この点で自治の問題があるということです。自治については、実は今まではっきりしなかったのです。これは、べつに国家権力から孤立した治外法権の組織をつくるというのではありません。むしろ非常にすすんだ合理的国家をつくっていく推進力になります。合理的な裁判制度、そういうものをつくっていくのです。身分解放がその根拠であります。それが自治であると考えるべきではないのか、このように一向一揆（宗教一揆）と自治の関係の本質を考えるべきです。

そのために最も活躍した人々が、石山本願寺合戦の「末々の門徒」であります。勅命講和以降、顕如《けんにょ》によって「いたずら者」と指弾されています。この末々の門徒という人々が、最も強靭《きょうじん》な闘いをしたこともわれわれの知っているところです。キリスト教においてもほんとうの殉教者は名も知れない一般民衆であったといわれています。同じことが、この浄土真宗においてもいわれてよいと思います。

穢寺を中心とする近世部落

三点目についてですが、なぜ、被差別部落が部落寺院、穢寺を中心として組織されたのかという問題です。なぜ、近世の部落寺院が被差別部落の中心であったのか。被差別部落を中心とする寺が、なぜ、穢寺であったのかという問題であります。穢寺というのは、寺が穢れている、けがれた寺ということです。その寺の本尊たる仏もけがれた仏ということになります。なぜ、そうなるのかが問題であり、これはおそらく差別戒名の問題と深いつながりがあると考えています。

こういう問題を考えていきますと、権力の面では、きわめて専制主義的な権力体制ができあがっていく。その官僚制ができあがっていく。その場合の治安維持の基本となる役人層に、賤民を編成しました。それから、本来は自治都市の担い手である市民の身分を貶したと私は思っています。身分を貶した、自治を剝奪して自治のために闘った人々の身分を貶したという身分解放とまったく反対の身分差別を強行したという問題です。それとこの穢寺の問題は、いずれも実は深く関係しあっているとみなければならないと思います。

従来の学説は、後で紹介しますけれど、一向一揆は、地方分権に固執することによって、中央集権化の動向に抵抗する争いであって、やがて統一国家のなかに吸収されるべきものとみていました。宗教は、実践から遊離した名目的な宗教といいきっている人もいます。組織的な部落寺院の編成の問題は、最も重要な問題であるにもかかわらず、従来の学説においてはおきざりにされていると思わざるをえません。

仏法と王法

四点目の問題ですが、仏法と王法の関係を法律家として考えますと、仏法を基本とすることと王法を基本とすることはまったく違うと思っています。その違いは相対的なものである、比較的軽いものだと従来考えてきたのではないでしょうか。私は、これは徹底的に違う、絶対に違うと考えています。そうでなければ、こういう穢寺という概念が絶対にでてくるはずがないと考えています。これがでてきたのは、まさに仏法が王法の手段になることからではないかと思っています。

そこのところの区別が、従来あまりにも消極的に考えられていました。両者の相違は比較的軽いのだ、おそらくは宗教とはそんなものだという見方からでてきたと思うのです。私は、一法律家でありますが、「そこのところは大事です」といっています。ここのところは、これから考えていかなければならない問題であろうと思います。石山本願寺合戦以後、決定的に卑賤視された人々・賤民組織は、いずれもこういう思想的問題を基本として考察されなければなりません。私自身の学問的遍歴を申しますと、こういうことをつうじて一向一揆の最後の決戦でありますす石山本願寺合戦、日本で最も長い籠城の闘いである石山本願寺合戦の意義を考えることができると思うわけです。

仏法領

概括的に申しますと、本願寺を中心とする寺内町は都市連合の形態を示していました。仏法領といわれているものの本質は都市連合―寺内町連帯にあると私は考えたわけです。そこで、もう少しこの問題にはいる前に、元九州大学教授の長沼賢海氏の戦前の岩波講座日本歴史の『宗教一揆』という本があります。この方は先駆的な立派な業績を数々あげられました。ここに大体、戦前の石山本願寺合戦の学説が整序されていますので、そこのところを紹介したいと思います。ここで宗教一揆というのは、一揆そのものはやはり暴動であると述べられています。ただ、宗教の名目のもとにその暴動が文化的なひとつの結果をもたらすにいたったのだと述べております。しかし、これは現在、認められる史料によりましても、本願寺仏法領というのはいろいろの地方の寺内町、自治運動、身分解放運動に根ざしています。宗教的自治都市連合を編成する起動力に本願寺がなっています。それが仏法領であるとわかると思うのです。

それから宗教の名目的意味について、重松明久さんがお書きになった『中世真宗思想の研究』にもそういう主張があります。そのなかで、この本願寺合戦は農村自治権、わかりやすくいえば農村自治の発展の運動であった。「本来の宗教」は、自治運動の名目的役割を果たしたにすぎなかったのだ、だから合戦が終わることによって宗教は、「本来の宗教」にかえったのだ、と書いておられます。本願寺合戦が終わることによって宗教は、「本来の宗教」にかえったという主張です。それでは、「本来の宗教」にかえったといいますと、なぜ、こういう穢寺、差別戒名という大きな思想上の問題を残したのか、これでは「本来の宗教」に真宗はかえったのだと到底いえないのではなかろうかと思うのです。そういうことを考えていきますと、宗教的自治都市の連合が、中世の歴史的世界におきまして大きな意味をもっていて、本願寺がやはりその中心であったことは、この諸種の史料によって明白であります。

ルイス・フロイスの証言

そこで、当時の宣教師ルイス・フロイスが、これを第三者としてどうみたかという点においては、藤木久志さんの『織田・豊臣政権』(『日本の歴史15』小学館、一九七五年)という著書のなかで、フロイスの『日本史』から引用されている文によって明らかです。フロイスはキリスト教の宣教師でありますから、仏教に決して好意をもっていないわけですが、そこに「僧侶たちは、寺院の側に、完全な町のようなものを創《つく》った。そこは、すべて粘土壁で囲まれていて、かれらは、そこでもっと自由に、乱れた快楽に耽《ふけ》り、不品行な生活を送る……このような種類の地所のことを、日本では寺内《ジナイ》といっている」と述べています。それから藤木さんは、さらに『反古裏書』の「寺内と号して人数を集め、地頭・領主を軽蔑し、限りのある所役をつとめざる風情」という文を引用しています。要するに、所役を納めないインムニテート特権を有する都市身分というものが寺内において台頭しつつあったということを示しています。不当な年貢を納めなくてもよいという考え方があったと思います。フロイスの「乱れた快楽」というのは、僧侶の妻帯の問題を批判しているのです。

しかし、藤木さんのこの著作では、フロイスの寺内町についてのより重要な記述があることを見落としています。すなわちフロイスは、根来衆《ねごろしゅう》の形成していた寺内町――宗教的自治都市(根来衆よりも浄土真宗の門徒衆を中心として考えるべきだと思うのですが）について、「根来衆《ネゴロス》になると、たちまち尊敬を受け、血統の賤しさも、以前の生活や習慣における卑劣さも（もはや）已が身に汚点を残さなくなると信じていた」（フロイス著、松田毅一・川崎桃太訳『日本史1 豊臣秀吉篇Ⅰ』、一五六頁）という重大な指摘をしているのです。寺内町――宗教的自治都市において、仏性の絶対的平等の自覚のうえに、血統序列主義――血筋についてキヨラカであるとかケガレているとか幻想的に思考する呪術信仰を克服し市民連帯の思想を確立しつつあるという記録であります。

血統の賤しさ――血統序列主義のイデオロギー

この記録は、たいへん重要なことをあらわしていると思います。この根来衆、門徒宗になると、「血統の賤しさ」「血筋の賤しさ」はもはや問題ではない。血統序列主義という呪術的心情を克服した、そういう信徒団体が寺内町の中心であるといっているのです。一方では、幕府、なかでも権門に対する不当な所役拒否という抵抗関係があります。他方では、こういう思想と実践の変革の問題があります。現代でも、血筋の賤しさ、清らかさということがどれほど克服されているか、ということを考えますと、この時期にこういう考え方をしていたということは注目すべきことだと思います。この思想は、ある意味では浄土真宗教団では当然なことだとは思いますが、しかし、それが確固たる自覚に達しているということが重要です。寺内町は身分解放の拠点であったのですが、身分解放とは、こういう血筋が尊いとか穢《けが》らわしいとかいった血筋の序列を考える呪術的輪廻《りんね》思想を突破するところにその根拠があり、それがこの寺内町、浄土真宗共同体の根本だろうと私は考えております。身分解放ということは決して架空のものではなかったのです。思想上確固たる基盤がありましたし、その思想上の問題を実践的に鍛えぬく行動が、この寺内町にあったということを考えざるをえないのであります。そういうことが各地方の寺内町の連合をつうじて形成され、仏法領となるのです。その中心として石山本願寺があったと考えるわけです。

戦国大名・織豊政権と寺内町

こういう民衆運動の動向を、戦国大名や織豊政権が好意的に認めていたかというと、決してそうではありません。支配権力と民衆運動との間には深い矛盾があります。鎌倉時代の武家は、封建契約を中心とする結束でした。主君とその御家人が契約を中心として結束するということであります。契約は、主君の権威をも拘束します。いくら主君であっても封建契約を無視するわがままな意志は許されません。法の支配の思想が中世封建社会に成立した理由はここにあります。ですから頼朝の息子頼家は恣意的な裁判をやったという理由で、すなわち、封建契約を無視したという理由で、関東御家人総意によって、その責任を追及され、殺害されるということもあったわけです。

それに対し、戦国武士団の組織原理は、家父長制で寄親《よりおや》・寄子《よりこ》とよんでいますが、契約原理とは異なる家父長制の組織原理で武士団を形成していくようになっていくのです。こういうことは、封建制の変質――封建制から家産制への支配の反動化を意味する点でたいへん問題になると思うのです。こういう家父長制の原理で武士団を組織していく考え方は、血統の序列を強調するということになります。戦国期以降、権力の変質に対応して、天皇制思想、天皇制イデオロギー、天皇制神道（血統序列主義のイデオロギー）が復活してくるのは当然のことではないか。戦国期のそういう家父長制的な組織原理で武士団を組織していくイデオロギーの基本になにがなったかといえば、天皇制イデオロギーだと私は思っています。そういう血統主義、血統序列主義のイデオロギーこそ家父長制的家産制支配――アジア的専制主義支配に適合的なイデオロギーであると考えているのです。

先ほど申し上げた、血筋の賤《いや》しさというようなことを問題にしない考え方は、当然に、血統序列主義に対立せざるをえません。宗教的自治都市――寺内町の血統序列主義の克服と家父長制的家産制支配――アジア的専制主義支配とは、とうてい妥協できるものではありません。ここに宗教一揆という抵抗運動が起こる必然性があると考えております。もう一度いいますと、血統の賤しさというものを乗り越えて暮らすべきだというのが、本願寺教団、門徒を中心とする寺内町の自治の本質であります。それに対しまして、そういうことを真っ向から否定する家父長制的家産制支配にもとづく戦国期・織豊期の武士団の結束とその支配は徹底的に対立せざるをえません。民衆の自治は必要ではない、民衆というのは、戦国期・織豊期・徳川幕藩体制の専制主義的支配と天皇制神道のイデオロギーの教化に従うべきであるという考え方と寺内町の身分解放運動とは、決定的に違ってくるのは当然です。このことが、石山本願寺合戦の最も重要な意味だと思います。

こうなってきますと、この時期の宗教は、決して名目的宗教ではありません。ある著書には、石山本願寺がすぐれた農耕の灌漑《かんがい》技術をもっていて、それを一般の農民に教えたのだ、それが宗教一揆の強いきずなの基盤であると書いております。ですから宗教一揆は、本当は真実の宗教とはまったく関係なかったので、宗教一揆が終滅した後に、真実の宗教に回帰したのだといっています。しかし、それは逆立ちした見解です。真実の宗教こそ、仏性の絶対的平等の原理、宗教一揆という解放行動の根拠となるものです。

石山本願寺合戦の本質

石山本願寺合戦の本質は、当時の権力体制に対する民衆の、今の言葉でいえば、信仰の自由を確保する、良心の自由を確保する、あるいは、身分解放を確立するという人権思想にもとづく抵抗運動であったのです。この合戦が、全国的規模で戦われたことも、それが全民衆の自治と解放の運動であったからです。皆さんご承知のように一〇年の籠城戦の後に石山本願寺が勅命によって降伏するわけです。勅命講和とよんでいまして、勅命で講和する。天皇の命令・勅命にもとづいて講和をしたということになります。その場合に、勅命講和ということは、単に暴力に屈服するという以上に実に重大な意味があるということを先程から申しあげているわけです。末々の門徒は、勅命講和に反対でした。それは、次の史料によって明らかです。

勅命講和への不服従

鈴木重幸等連署起請文写　（本願寺文書）

雑賀衆誓詞写

今度京都之御使衆へ奉対、末之者共致狼籍（藉）之儀、言語道断曲事存候、於年寄不存知之、千万迷惑仕候、雑賀之儀者、万端可為御門跡（顕如）様被仰付次第候、不可存異儀候、此旨若於偽申者、御一宗本尊可有照覧者也、仍誓詞如件

天正八　　湊平大夫

三月廿日　　高秀判

岡太郎次郎
吉正同
松江源三大夫
定久同
狐嶋左衛門大夫
吉次同
鈴木孫一
重幸同

下間刑部卿法眼御房（頼廉）
参

（『和歌山市史第四巻』一一一〇頁）

一般の民衆、底辺にある民衆からなる門徒が、すなわち、末々の門徒が勅命講和を処理するためにやってきた京都からの使者（近衛前久）に対して狼藉《ろうぜき》をはたらいたのですから、明らかにこの人々は勅命講和に反対だったのですね。末々の門徒は、勅命講和に反対だったのです。

本願寺光佐顕如書状（円徳寺文書）

（貼紙ウハ書）
「□□」○ココニ宛所アリタルモ、擦消セラレタルモノノ如シ顕如（光佐）」

去夏、紀州へ退候後、其国へ一翰を遣候キ、仍大坂拘様之儀、度々中国へ届候へハ、上口之加勢難成由候、少々渡海候へハ、中国衆不及案内、悉帰国候、有岡・三木ハ相果候、さ候へハ、大坂いかりニ究候ニつきて、為叡慮、信長公へ被成御懇望、勅使両人大坂へ下向候、然ニ、大坂退出之儀、難艱（マヽ）之通再三申入候、則其旨信長公へ被仰出候へハ、於其段は、叡慮を可被止之由、言上ニつきて、家中之者共ニ申聞、雑賀年寄共ニも、令談合候へ共、拘様あるましきニ、令議定候条、以其上御請申入候、就其当寺へ不可有別儀之趣、信長公血判之起請、禁裏へ進上、当門よりも予・新門（教如光寿）一紙、幷年寄三人血判仕、禁裏へ進上申候、如此相済候已後、徒者五六人為所行、新門をすゝめ、企逆意、既於内輪帯弓箭候キ、然共、無其煩、至雑賀下著候、其以来なりたゝぬ大坂、拘様と号し、国々へ虚言を申触、又ほとなく信長公へ令侘言、八月二日大坂退口之儀、無正躰仕合中々難述紙面候、将又、世を譲候由申候歟、是又虚言ニ候、法流相続之事は、開山以来代々御譲状在之事候間、中々不及沙汰候、まつ〳〵、開山今日まて無恙事有難候、後日之儀は、難計世上之躰にて候間、不及是非候、たとひ此以前、聞まとはれ候衆ありとも、心中をあらためらるへき事、開山御門徒のしるしたるへく候、就中後生の一大事をは、いかゝ心得られ候や、今生ハ一旦の浮生、後生ハ永世の事なれは、急々彌陀如来を、ひしとたのミまいらせ候へ、其うへにハ、命あらんかきりハ、報謝の念仏申され候へく候、各寄合のときハ、相互に信不信の沙汰候て、無由断、法義たしなまれ候ハんする事、肝要にて候、猶刑部卿（下間頼廉）法眼可令伝語候、穴賢〳〵、

（天正九年）十一月十七日　　顕如（光佐）（花押）

濃州
厚見郡門徒中へ

（『岐阜市史 史料篇 近世二』四二四頁）

「いたずら者の人々が、新門をそそのかして逆意を企てる――あくまで抵抗する」といっている。この末々の門徒は、徒者――いたずら者、反逆者といわれていたのであり、徒者も末々の門徒をさすと思います。この人々が反対しました。なぜ反対したかは、先程からいっているように、仏法を基本とする考え方からすれば、勅命講和――勅命の手段となる仏法という見解には承服できないからです。

延喜式における神々の格付け

天皇制神道イデオロギーのどこが問題になるかといいますと、たとえば、延喜式《えんぎしき》という平安朝の法典があります。

律令格式といいますが、その律令の細則である式は厖大《ぼうだい》な法典なのです。その神祇《じんぎ》に関するところをみますと、神社に関する規定があります。そこにおいて、神社の格付け――神々の格付けが行われています。誰がそれを行うのか。天皇自身がそういう神社の格付け――神々の格付けを行っているのです。神々の格付けは、神に対し序列を付けるということです。本当に神に対する純粋な信仰があれば、このような神々の格付けができるはずはありません。しかしながらこの考え方は、呪術宗教にあったのです。これは人間が神を格付ける――神を強制して序列に編成するということです。神々を人間が強制するという傲慢《ごうまん》不遜《ふそん》な考え方をあらわして、それこそ呪術信仰の普遍的な形態であります。同様にまた真実の仏教思想において仏の格付けをすることはできるのでしょうか。これもまた呪術信仰でありまして、純粋な宗教とは違うのです。ですから王法よりも仏法を基本とする考え方、いわば純粋の信仰を守っていこうというのであれば、こういう意味の神々を格付けしていく、あるいは仏を格付けしていく呪術信仰に敵対するのは当然のことではないか。しかも、その当然のことを主張したのが勅命講和への不服従であり、仏性の絶対的平等の思想にもとづく身分解放を志す、末々の門徒の思想と行動であったのです。これが、まず第一です。勅命講和を了承することは、純粋の信仰、純粋の宗教を捨てて呪術宗教に転向していく。こういう問題があるのです。勅命に屈服することは、親鸞の浄土真宗の思想の頽廃《たいはい》ではないかと思っております。

仏法上の原罪と勅命への反逆

仏法上の原罪という思想を勅命に対する反逆罪という考え方にスリ替えたのではないか。宗教上の原罪を俗法上の反逆罪にスリ替えるということは、宗教を俗法の手段とすることであり、宗教的な純粋な倫理を安易に世俗化することであり、倫理のあらたなる発現としての異端思想に対する俗法にもとづく短絡的な制裁を可能にすることになります。後年のキリシタンに対する絵踏《えふみ》がそうです。そのことの決定的な端緒が勅命講和であります。

それでは次の史料を紹介します。

勅命講和への不服従者――ケダモノ

豊臣秀吉書状　（専徳寺所蔵）

尚以菓子扇
祝着候

為音信書状幷菓子二折被越候、祝着候、仍此表事先書委細申遣候間、定可為参着候、泉州事者不及申、当国儀も無拠故任存分候、既湯河館迄人数差遣候処、無行方逃散候、然者雑賀内ニ一揆張本人楯籠候者、為懲鹿垣を結廻、一人も不漏可干殺調儀候、其外地百姓等少し助命、鉄砲脇刀以下迄取て、免置所も在之事候、委曲様子孫七郎見及候間、可物語候、以禁裏様御作事無由断者尤候、尚追々可申遣候、謹言

（天正十三年）
三月廿七日　　秀吉（朱印）

（前田玄以）
民部卿法印

これはどういうことかといいますと、例の勅命講和に不服従の門徒が紀州の太田城に集まりました。これこそ最後の一向一揆で、天正一三年三月二一日から四月二四日まで、約一カ月間つづきました。この太

田城の末々の門徒の抵抗を粛清するという秀吉の書状が数年前に発見されました。それが右に紹介した史料です。私の同僚で、和歌山の真宗寺院の僧侶でもある、薗田さんという先生なのですが、この人が発見しました。これは太田城の水攻めが始まりました直後の秀吉の書状であります。「雑賀内ニ一揆張本人楯籠候者、為懲鹿垣を結廻、一人も不漏可干殺調儀候」とあります。土手をつくり、一人も逃がさずほし殺しにするために水攻めをしています。その土手のことを、「鹿垣《シシガキ》」と比喩しています。この「鹿《シシ》」というのは、一般にいう獣（ケダモノ）ですね。「鹿垣」とは獣を追い込む垣です。そうしますとこれは、明らかにこの城にたてこもって最後の一向一揆として抵抗した末々の門徒は、秀吉からみれば獣《ケダモノ》なのですね。一人のこらずほし殺しにすべきケダモノだといっている。勅命講和に反逆した人々のことをケダモノだと。抵抗した末々の門徒は獣なのです。だからほし殺しにすべきだと。こういうところが思想史上非常に問題なのではないかと私は思うのであります。

それから、「以禁裏様御作事無由断者尤候」とあります。

このように一揆を粛清するにあたって皇室のことを配慮している。秀吉は天皇制思想を拠《よ》り所とし、仏法を根本とする勅命講和に不服従の人々を反逆者としてみなして、最も純粋な信仰の人々を粛清しているのです。秀吉という人は、皆さんご存じのように、自分の母親は下女として御所につかえて、そこで天皇の種をもらって孕《はら》んだという皇胤《こういん》説、自分は実は、天皇の種をもらって生まれたのだといっています（『戴恩記』）。

こういう荒唐《こうとう》無《む》稽《けい》な話を半ば本気でつくっていく。こういうところに天皇制イデオロギーのもつ問題があると思うのであります。こういう残虐者、暴力主義者が、かならず拠り所とするのが天皇制イデオロギーであるのです。
太田城にたてこもって降伏――助命された人々は、賤民身分に身分貶下されていますが、真実には、秀吉が水攻めに着手するにあたって籠城した人々をケダモノとしたことと必然的関連、必然的な継続があります。

最後の一向一揆の粛清と穢寺の創設――部落の成立

それから、後でこれもお話ししますが、この粛清の直後に、穢寺――穢多寺が創設されたという重大な事実があります。最後の一向一揆を闘った末々の門徒は、最も純粋な信仰の徒だと思います。最も純粋な信仰の人々を最も穢れた信仰の人々だとみなした。そういうところに部落寺院、穢多寺を本願寺の監視下に設定すべきだという権力政策の論拠があるのではないかと思うわけです。ですから、この勅命講和は思想史上たいへん重要な問題を残したと思っています。ここで、勅命に無条件に屈服したことが、近世という時代は、もはや真の宗教なき時代にはいることになったということの決定的な契機となったと考えてよろしいのではないか。

ここから始まるということです。勅命講和に敵対するものはすべてケダモノである。そのことが信仰上最も穢れた信仰の徒となるということです。論理がまったく逆立ちしているのです。仏法が王法の手段となり呪術信仰に転落することにより、このような逆立ちした論理が生まれるのです。本来の仏教では、仏性の絶対的平等を確固たる信仰とするのですから、穢れた信仰・寺院などということは、絶対にありえません。中世の場合にも賤民はありましたが、穢寺を中心とする被差別部落などということはありません。

中世賤民起源説は、この問題を避けようとしていますが、絶対に避けることはできません。穢れた信仰の人々として、ケダモノとして身分貶下することは、身分貶下された人々が、自己自身を卑賤視するという内面的卑賤感をもつことを強要する。中世の賤民は、きわめて流動的な情況にありましたが、みずからを卑賤視することは決してありませんでした。部落の成立において——穢寺の創設をすることによって、外側からみた卑賤感のみならず、内面からの自己自身の心情のなかからの卑賤感——内面的卑賤感が根をおろしていくのです。

ここで無条件で屈服したことが近世社会にいろいろな宗教上、思想上の問題を残したのだということです。その当時の他の宗門の浄土真宗に対する見方は、『多聞院日記』の次の史料にあらわれています。

多聞院日記三十八　天正二十年十二月

八日塩断了、去月廿四日歟、本願寺ノ父坊主中風煩厠ニ落入死了、マノアタリ現生ヨリ糞穢地獄ニ墜了、浅猿々々、今日葬礼在之ト、万民上洛事々敷也ト、不思議事也、深円房発心院一跡ユツリ状昨日被書渡之、先以珍重々々、種々精入入魂了、老少前後不定、天道次第也、縁根塵等尋伺地生起因一問答一返讀聞了、

顕如の死のことを「本願寺ノ父坊主中風煩厠ニ落入死了、マノアタリ現生ヨリ糞穢地獄ニ墜了、浅猿々々」と記してあります。

こういう見方が、当時の他の宗門の本願寺――宗教一揆の中心である本願寺に対する見解であったということです。勅命講和の直後から秀吉の朝鮮侵略が始まるわけですが、その先駆的役割を本願寺は行うという問題もあります。これは要するに、民衆にたいする徹底した粛清、弾圧は、必ず侵略主義に結び付くということです。それに屈服した宗教は、必ず侵略主義の手先になるというなによりの証拠です。

寺内町の自治の圧殺と太閤検地

この石山本願寺合戦で寺内町の都市自治を圧殺し、この直後から本格的に太閤《たいこう》検地が始まります。一般には単なる兵農分離の政策と理解されていますが、都市、農村の自治を圧殺する結果として生まれた政策であると考えざるをえません。まずこの太閤検地は、全国的な規模において農民のなかから「かわた」という肩書のある農民を記載しています。単に収穫高を決定していく土地台帳であれば、こういう身分賤称を肩書に付ける必要はないのです。ところが、ご承知のように太閤検地には、ほとんどこの「かわた」記載があります。なかには「かわた村」という記載もあるのです。土地台帳に、なぜ、こういうことを記載する必要があるのか。その「かわた村」というのは、現在の被差別部落に連続している場合もあります。

ここのところは、単なる土地台帳という解釈ではすまないと思います。ある学説によれば、太閤検地は、下層農民の所持を確定したのだ。だから一種の解放なのだ。現実的な農民の自立性を保障したのだといっていますが、自立的農民といっても畿内ではせいぜいのところ二~三反の所有地でしかない。二~三反の土地では当然食べていけないのです。つまり、これは地主層がその労働力を確保するためにつくったのだ、そのために底辺の農民層にわずかの土地占有を認めただけのものなのだと解すべきです。

一番大事な点は、太閤検地を施行する過程において農民の自治組織（惣村《そうそん》）を破壊し、うちくだき、農民間の人格的絆《きずな》を断絶したことであります。すなわち、農村の自治の根拠を太閤検地でまったく断絶してしまったのです。人格的絆を廃絶し権力迎合的な強制組織（ライトゥルギー団体）――五人組制度（相互監視と密告）につくりかえてしまった。ですから太閤検地を兵農分離といっていますが、まさにその兵農分離そのものが、農民の武装能力を取り上げたのです。農民の自治のための当然の権利である武装能力を剝奪したのです。農民の自治という体制を否定したのだと思うのです。石山本願寺合戦の勅命講和の直後、勅命講和に反対した教行寺が太閤検地に際して寺領の多くを取り上げられています。太閤検地は、かつての勅命講和に抵抗したものを摘発する役割をもはたしていたといわなければなりません。

太閤検地は、小農民の所持高を検地帳で認めたのだから、封建改革なんだという学説は間違っています。二～三反の土地を与えられてどうして自立して生きていけるのか。気を付けて考えれば解ることです。こういう見解では、「かわた」記載が、なぜ、検地帳にあるのかということを解明することはできません。なぜ太閤検地は、この勅命講和の直後から本格的に始まるのかということを解明することはできないと思います。しかも太閤検地が朝鮮侵略に連関するという事実を封建革命説では解決できません。真実の革命が侵略に連続することはありません。都市と農村の自治がここで完全にうち破られるという権力側のクサビが人民にうちこまれたからこそ、本格的な太閤検地が可能となったのです。

太田城の抵抗と身分貶下

最後の一向一揆の粛清と身分貶下の問題にはいります。

ここで最後の一向一揆について説明します。その時の秀吉の考え方を先程紹介いたしました。そこで、この事件については重要な史料があります。これは、中家文書です。

次右衛門尉宗俊書状（折紙）

猶々今度は先々各無何事候て、珍重ニ大慶ニ存候、此方御用可承候、以上、

ひんき（便宜）なから一筆令啓上候、さて〳〵今度之儀、御覚悟之前とハ乍存知、無申計次第、咲止千万不及是非候、其砌早々罷越候ても、御見廻申度候つれ共、先陣ニ候て一両日此方ニ逗留申候而、先々如此候、秀吉様昨日廿五日ニ御馬納候、小一郎殿ニ一万数ヲ被相副、岡山之普請被仰付候、比日之両国之百性（姓）衆おはめし御なおし候、大田之城之事ハ各五十三人くひ（首）ヲはね（刎）、其女房共廿三人はた物ニ大田ニあけ被申候、五十三人之くひハ天王寺あべの（阿倍野）ニ御かけ申候、残之衆ハ道具ヲ出候てたすかり申候、大田も放火候、何もこゝもとしまい（終）候て、御見廻ニ可罷越候、恐惶謹言、

卯月廿六日　　宗俊（花押）

（札紙書）「──────（切封）

明算さま　　ゟ次右衛門尉

人々御中　」

（三浦圭一『日本中世賤民史の研究』部落問題研究所、一九九〇年、一四六頁）

これが、四月二四日に太田城にたてこもっておりました最後の一向一揆が殲滅《せんめつ》される様子です。その

「殲滅」を実際にみた貴重な記録が、この「次右衛門尉宗俊書状」なのです。それをみますと「大田城之事ハ各五十三人くひヲはね、其女房共廿三人はた物ニ大田ニあけ被申候、五十三人之くひハ天王寺あべのニ御かけ申候」とあります。たてこもった門徒衆の指揮者五三人の首をはね、その首を大坂「天王寺あべの」に晒《さら》しました。それから妻たち二三人は「はた物」というのは、磔です。磔にされたのです。五三人の首を「天王寺あべの」にまで運んで晒首《さらしくび》にしたということです。次に示す史料は、「摂州東成郡天王寺村検地帳」とありますが、延宝五年とありますが、文禄三年の検地帳である太閤検地をそのまま写したものです。

延宝五年「摂州東成郡天王寺村検地帳」（関西大学図書館所蔵）

一弐畝弐拾四歩　拾弐間 七間　籠屋敷
是ハ文録《（ママ）》三午年片桐市正検地之節除地
寛文四辰年岡部内膳正彦坂平九郎検地之節も除之
但除来候証文無之

一三反八畝拾弐歩　六拾間 拾九間壱尺弐寸　悲田院
是ハ文録《（ママ）》三午年片桐市正検地之節除地
寛文四辰年岡部内膳正彦坂平九郎検地之節も除之
但除来候証文無之

一三畝拾五歩　拾壱間 拾間半　阿倍野村 王子権現宮地
　是ハ高台院殿領知之節年貢免許
　寛文四辰年岡部内膳正彦坂平九郎検地之節も除之
　　但除来候証文無之

これをみますと、この「天王寺あべの」に籠屋敷《ろうやしき》が設定されています。最後の一向一揆の処刑地と後の大坂の籠屋敷とが密接に連続しているわけで、大坂の役人村の編成が宗教一揆の粛清と必然的に関連すること、したがって、大坂の被差別部落の編成と宗教一揆の粛清とが必然的に関係することをたしかめることができます（いうまでもなく、これは大坂の自治を志向する民衆に対する威嚇です）。

そこで処刑をまぬがれた「残之衆」、助命された門徒の人が問題になります。これが道具（飛び道具・鉄砲）をだして、武器を提供して、助命されたのです。「残之衆」がどうなったかということが重要です。

太田退衆

羽柴秀吉朱印状が太田家文書として伝えられています。

　羽柴秀吉朱印状　（太田家文書）

一　今度至泉州表出馬、千石堀其外諸城同時ニ責崩、悉刎首、則至根来・雑賀押寄処、一剋も不相踏、
北散段無是非候、然者、両国至土民百姓者、悉可刎首と思食候へ共、以寛宥儀、地百姓儀者依免置、

至其在々如先々立帰候事、
一　太田村事、今度可抽忠節旨申上、無其詮、剰遠里近郷徒者集置、往還成妨、或者荷物奪取、或者人足等殺候事、言語道断次第候条、後代為懲、太刀・刀ニ及す、男女翼類ニいたるまで一人も不残、水責候て可殺と思食、築堤、既一両日内存命依相果、在々悪逆東（棟）梁奴原撰出、切首、相残平百姓其外妻子已可助命旨、歎候付而、秀吉あわれミをなし、免置候事、
一　在々百姓等、自今以後、弓箭・鑓・鉄砲・腰刀等令停止訖、然上者、鋤・鍬等農具を嗜、可専耕作者也、仍如件、
天正十三年卯月廿二日　（朱印）

だいたい同じような処刑のことが書いてあります。

この朱印状に在々百姓が平百姓と区別されて記載されています。他の史料をみますと在々百姓は地百姓とも述べられています。従来の学説は、あまりこれを区別せずに一括して論じまして、残された「残之衆」はほとんどもとの土地に帰る、つまり兵農分離のさきがけのような処分をうけて、武器を提供して百姓の耕作労働に専念したとなっていますが、朱印状には「あわれミをなし、免置候事」とあるだけであって、すなわち、助命されただけであって、在々百姓のように農民としてもとの農地を保障されたとはなっていません。「残之衆」といいましても、地百姓と平百姓とは、やはり処遇を異にしていたのではないかと思うわけです。

「末々の者」「末々の門徒」、あるいは「いたずら者」といわれた門徒たちのうち、平百姓の方が地百姓

よりも多かったのではないかと思うのです。

大田退衆

顕如書状　（蓮乗寺文書）

（端書）
「大田退衆中へ　　顕如」

今度大田在所之内、志之同行抽而被顕忠勲之故、早々属本意事、誠無類心中謂仏法再興、弥馳走肝要候、さためて私の存分等可在之候へとも、何事も此砌之儀者、聖人へたいし奉り、報謝之思をはけミ、一味同心に申合、国堅ニ候ハヽ、可為快然候、将又安心之事不珍候へとも、雑行雑修をすてゝ、一念に弥陀如来後生たすけ給へと申人ニハ、皆悉往生すへき事不可有疑候、此上にハ仏恩報謝のために、昼夜朝暮にハ念仏申され候へく候、此通幾度も〳〵各談合候て、法義由断あるましく候、尚刑部卿法眼（下間頼廉）可申候也、穴賢々々

顕如（花押）

正月廿四日

紀州
大田退衆中へ

この史料は、「大田退衆中へ」あてた顕如の書状です。和歌山の蓮乗寺に伝えられています。この寺に

は、その他の雑賀《さいか》一揆衆の貴重な史料が伝えられています。

どういうわけか、この書状が蓮乗寺文書に「紛れ込んだのだ」という説があるのです。中世賤民起源説の人が、とくに「この紛れ込んだ」説をとっています。しかし、自分の説に不利益な史料だといいましても、それなら自分の説を改めるのが、歴史学者の筋でありまして、そういう事実がでたならば、自分の説を事実に即して考えを改めていくのが筋だと思うのですが、自分の説に具合の悪い史料がでると「紛れ込んだ」というのです。「紛れ込んだ」というのなら「蓮乗寺の人やその門徒が盗んだのだ」となるのです。そういう証拠があるのかどうなのかということです。そういう重大なことを簡単に「紛れ込んだのだ」というのは、きわめて不当で非学問的態度であると思います。他の雑賀一揆衆史料とともに、一体として伝えられている事実を重視すべきだと思います。

ところで「退衆」とは、どういうことなのか？　当時の文書をみますと「責衆」という言葉がありますす。これは、城攻めをする衆なのです。そうしますと退衆というのは、退城衆と考えても少しもさしつかえないのであります。

「太田退衆」というのは、最後の一向一揆の拠点でありました太田城からの退衆ということになります。そうすると「残之衆」、先程いいました「残之衆」の一部が、この「退衆」であることは間違いありません。太田城から退いた人々、助命されて退いた人々であろうと思います。この紀ノ川の周辺の真宗寺院がすべて穢寺とされている事実は、たいへん重要です。これをみますと、太田退衆、太田城から退いた人々は、生き残った人々です。その太田退衆にむけた顕如の手紙であります。

それまでの顕如の書状は、武器をもって闘えといってきたのですが、この「太田退衆中」あての書状では、念仏三昧《ざんまい》の暮らしをしてほしいとなっています。それ故、この書状の正月二四日の年は、天正一四年の正月二四日ということになります。問題は、この蓮乗寺、あるいはこの紀州の寺院のほとんどが富田本照寺の末寺になっていますが（穢寺として組織される）、天正一三年から十数年の後です。十数年の後にほとんどすべての紀州の部落寺院が富田本照寺下として成立せしめられているのです（照福寺親鸞聖人御影裏書に「慶長六年辛丑□月□日摂州嶋上郡富田光照寺（本照寺）常住物也願主釈正能」とあり、准如が花押をしています）。ここには明らかに政治的作為があると思います。「大田退衆」の中心の寺院が穢寺となっているのですから、「大田退衆」は、当然に穢多身分に貶されてしまったと考えなければなりません。太田城で最後まで抵抗した門徒の人々が、賤民身分に貶すという身分的制裁をうけていることは間違いないことだと思います。ここに勅命講和以降闘った一向一揆の門徒衆のうちの助命された人々は、賤民身分に身分を貶されて助命されたのだという動かざる証拠があると考えています。

これは非常に重大な問題であり、純粋の宗教の筋をとおした人々が、この当時の支配の要求するイデオロギーに反抗したという――反逆罪を犯したことになるという理由をもって賤民身分に貶されるという事実、ここにこそ被差別部落の起源があります。近世の部落問題の重要性というのはこの点にあります。こういう思想闘争に対する反動・反革命の結実であったと考えています。和歌山の部落寺院の大半が富田本照寺下という、明らかに政治的な作為があります。それを本願寺側が了承したと考えざるをえません。念のために申しますと、私が九州の大分の部落史調査に数年協力していたことがあります。その時、荒城の月で有名な岡藩で発見した史料は、組織的な百姓一揆の指揮者に対し非常に残虐な制裁があり、首を切られ、しかも胴体を試し切りにされています。試し切りにすることはあまり公開しないのですが、この場合は、公開して試し切りをやっています。近世の日本の社会にあるこういう残虐性をしっかり見据えておくことが必要であると思います。

その次に、死刑に準ずる制裁として穢多身分に貶すということを刑罰として行っています。すなわち、百姓一揆を闘った人々は、反逆罪を犯したものとして「えた」身分に貶すのです。こういう民衆に対する弾圧をもって近世の幕藩体制はできあがっています。

本願寺の「詫言」

次に、太田城の抵抗を粛清した直後の秀吉と本願寺の顕如、教如等の交渉が、有名な『宇野主水日記』に記されています。顕如、教如たちが茶席を設けて途中で秀吉を接待をしているのです。このことはあまり感心しません。とにかく自分たちの意図に反したとはいえ、一向一揆・仏法のために闘った末々の門徒の切り首をさげて歩いてくる秀吉の軍団を茶席を設けて接待することは何事かと思うのです。

「日記」には、交渉のはじめ秀吉が立腹して帰っていったとあります。そしてあらためて本願寺が「詫言」をしたので秀吉は機嫌をなおしたとあります。となると、「詫言」の内容が問題になります。ここで大坂に本願寺を再建することが可能になりますが、本願寺は、その条件として、渡辺の在所を大坂本願寺の境内地におくということを申しでました。「渡辺」というのは、後の摂州役人村の文書に示される賤民集団の源流です。本願寺がみずからの屋敷地に賤民集団をおいて、一向一揆を闘い賤民身分に貶された人々をたえず監視するということを申しでた、これが「詫言」の内容です。東本願寺の方にも行われていますが、これは辻ミチ子さんという人の研究があります。そこに東本願寺の境内に「えた」屋敷があったと書いてあります。こういう「えた」身分に貶された人々を監視する条件で本願寺の再建が可能となったのです。

「天正年間に再開発された下枳殻《しもきこく》馬場に『北小路』と称する所があって、その『少しの野小屋』で皮細工が営まれていた。ここは、『東六条御境内エタ屋敷』ともいわれ、東本願寺の境内にあたり、寛永一一年（一六三四）ごろ、枳殻の馬場が東本願寺新屋敷になって、寛永一九年（一六四二）に北小路の皮細工人は河原町松原上ルの『休分源右衛門請合地の内』に移された。そこで入組んで住んでいたが、源右衛門からの願いで寛文一〇年（一六七〇）にまた所替えになって、今度は西京村の御蔵入地の内の三条通西土手（御土居ぎわ）へと移された。この地は坪数一、〇八五坪で、引越代銀として一貫二〇〇目を請取って移ることになった。これが北小路村の濫觴である。」（辻ミチ子「京都における被差別部落成立について」『近世部落の史的研究 上』解放出版社、一九七九年）

このことは重要な問題であり、身分を貶されたのは一向一揆の抵抗者でありますから、その人々を抱える、監視する、管理する役割を申しでて、そこで秀吉の立腹がとれ、機嫌をなおしたと考えざるをえないのです。そういう条件付きで大田城粛清後の本願寺の設立が認められたと考えざるをえないのです。その構想をさらに発展させ全国的な部落寺院の組織をもって最後の一向一揆、勅命講和以降の一向一揆を闘い身分貶下された人々を統制し監視するようになるのです。これはたいへん重要な問題であります。

安芸門徒の抵抗

こういう問題は、全国的に起こっております。次は安芸門徒の史料であります。

『知新集』所収仏護寺文書

佐東郡内大坂門徒相妨者有之由、従端坊被申不可然候、能々可相究事肝要候、謹言

輝元判

十月廿日

児周

児三右

『知新集』をみますと、勅命講和の直後に大坂門徒を排斥しています。大坂門徒は、本願寺派の門徒です。その大坂門徒を排斥する運動が起こっています。それに対して当然に抵抗運動が起こっていると思うのであります。

「就中佐東郡ノ土民山賊ノ徒党ヲ結ビ、或ハ牛馬ヲ他ノ郡ニ放テ其ノ牛馬ヲ拾取者ヲ剝取、他郡ニ聟ヲ取テハ米銀ヲ借テ其娘ヲ呼取リ、子供ヲ奉公ニ出シ恩給ヲ取テハ其ノ子ヲ取り戻其ノ外悪業様々ニシテ制止スレトモ不用イ超過セシカバ、正則大ニ怒テ大勢ヲ指シ遣、男女童一万人ノ鼻ヲ劓テ追放シ国中ノ者鼻劓ノ男女ニ出合売買並ニ縁辺等ノ事堅ク禁制ノ高札ヲ立タリ」（『知新集』）

ここで土民が徒党をくんで蜂起します。この問題は大坂門徒への抑圧に対抗して闘った動乱だと思います。勅命講和以降、大坂の門徒衆の実力行動と決して無関係ではありません。それに対して福島正則は、「男女童一万人の鼻を劓ぎ」という処刑をし、しかもこの人々と一般民衆との結婚を禁じたのです。「縁辺を禁ずる」とあります。一般の民衆がこの人々と縁組をもつことをかたく禁ずるということです。これはやはり賤民身分に貶しているのです。

穢寺と内面的卑賤感

第一の問題は穢寺とは、穢れた寺ということです。もちろん、御本尊も穢れた仏なんです。この人々が関係する仏が穢れた仏であるというのは、どういうことなのか。最も信仰が篤い人々に対して、最も穢れた信仰の持ち主であるという烙印《らくいん》を押したのです。それを本願寺がのんだことは、もはや仏法の根本を放棄したものです。仏法は王法の手段になっているのだといわざるをえません。

第二の問題は、中世の賤民と比較してみた場合、中世でも卑賤視されている人々もいますが、もちろん、近世のようにずっと一般との結婚を禁じられ身分内結婚で婚姻を続けなければならない状況になるわけではありません。中世の場合、賤民層といってもきわめて流動的であります。卑賤感はありますが、それは外側からの卑賤感です。この近世の被差別部落の卑賤感は、自分で自分を卑賤視するという内面的な卑賤感だろうと思うわけです。ここのところですが、穢れた信仰の持ち主だと烙印を押された場合、深い内面的な卑賤感をいだかざるをえないのではないかと思うのです。ここに部落問題の思想史上の最も重要な問題があります。

このように自分自身で自分を卑賤視せざるをえない人々の悲惨さというか、怨恨を行刑役につかせることによって晴らさせようとしたわけです。それが、権力側の意図する賤民官僚制の構想であったのです。そうすることによって一般の民衆との間に、深い内部的な分裂を起こそうとした。単なる一般の民衆の優越感によって不満をそらすといった生易しいものではありません。この人々の怨恨を利用して死刑を執行させる。一般の民衆は、そこだけしかみていませんから本当は判決をだした人間を憎むべきなのですが、そういう状況においこんでいくのが権力側の構想だろうと思います。そしてまた、異端思想に対するきわめて徹底した威嚇を意味するのです。

行刑役拒否の運動

実は、摂州一三ヶ村の行刑役を拒否する運動があります。行刑役を拒否する、打ち首役を実際に拒否する運動で、これは十数年にわたって闘われています。こういう行刑役を拒否する運動を、われわれはもっと重視しなければなりません。しかし、権力側としては、お役目大切であるという考え方をして、先程からいっているように、賤民官僚制というものをつくっていきます。そうすることによって人民の本当の連帯・友愛の精神を失わせていくことを考えていたのです。

河原巻物

河原巻物という被差別部落に伝えられました先祖の伝説的な由緒書があります。実は、最近この研究が盛んになりはじめています。こういう問題に対して神道は、『神道柱立』という本がありますが、「えた」は神孫ではないから「神を祭る資格がない」と書いています。これが近世天皇制神道の本質です。近世天皇制神道は、なによりも血統・序列に重きをおいた呪術信仰だと思います。このことは、実は仏教の方でも同じではなかったかと思うのです。真実の仏を祭る資格を認めないというのが、先程の穢寺の問題です。それは神道と相互作用している呪術思想であると思うのです。そういうことが起こってきています。

そういう思想的な風潮のなかで河原巻物はなにをいっているのかという問題があります。河原巻物では神孫という言葉があり、被差別者を神の子孫として認めたので感激したというある学者がいますが、とんでもないことです。よく注意してみれば、そういうことはありません。それは、河原巻物の祖先神とするのかどうかです。「縁太羅王子」は、穢多と旃陀羅《せんだら》を組み合わせた神なのです。神という概念は、そういうことでよろしいのかどうかです。徹底して卑賤視された人々を「神」とするということは、穢れた神であれば被差別部落の祖先神として認めてやろうというのです。これはむしろ被差別者の神への信仰まで卑賤視していると思います。河原巻物というのは、やはりそのあたりの神道家がつくったものだと思うのです。差別的な神道の教化の書です。

この河原巻物というのは、実は公開された文書ではなく伝えられた秘書です。こういうふうに穢れた神の子孫だと位置付けたことは、逆に神を祭る資格がないということをもっと深めていますし、嘲笑し、小細工を弄していると考えているわけです。

こういうことで部落大衆を納得させようとしたことがたいへん問題になると思います。これは先程申しあげた穢寺と同じように、こういう考え方のなかに反動的な近世社会の思想的動向がでてきていることを厳に注目すべきであると思います。

穢寺とはなにか

こういう動向に対して、被差別者がどういうふうにして闘ったかといえば、これは黙っているわけがないのです。広島の千代田町にたくさんの史料が集められておりまして、そのなかで幕末に近い時期ですが、「穢多寺とはなにか」という質問を本山に発している文書（実は石州の門徒の文書）を発見しました。これは非常に貴重な抵抗の思想、抵抗の行動だと思っています。「穢多寺とはなにか」ということを問うことは、穢寺という概念そのものの不当を糾弾しているのです。これは被差別部落のなかからわきあがった信教の自由の運動です。本山は、むしろ実力をもって却下したと記録されています。問答無用というわけです。

かわたとはなにか――革田米蔵の法廷闘争

これが安芸門徒のなかからでてきたことは、非常に大きな意義があります。だから部落の民衆のなかに伝えられた真宗の本意は、実は失われていないと思っているのです。そのことをもっとよく示す史料が、もうひとつあります。これも幕末の元治元年より三カ年にわたって闘われた裁判記録であります。これは、非常に貴重な文書です。

革田米蔵という人が闘ったのです。この闘いにより、一歩刻《ぶ》みの極刑、身体を寸断する死刑になってもかまわないということを覚悟して闘った法廷闘争です。これは、きちんと法廷闘争の手続きをふんでいまして、まず庄屋の下吟味をうけ、それから郡役所の申渡しの段階をふんでいます。この下吟味のところでよくわかるのですが、これは、この人々は、いうまでもなく毛皮を剝ぎまして、それを皮革の流通過程で収益をうけているという活動をしています。ところがその皮ですが、広島藩が斃《たお》れ牛馬の持ち主は百姓だから百姓が皮を所持するのだといってきたのです。それで広島藩は、革田層には、皮を剝ぐ手間賃だけは与えるという法令をだしました。もう一度いいますと皮を剝いでその皮を取得しまして、それを商品流通にのせ、そこでなにがしかの収益をうることが従来しきたりでした。けれども皮を百姓の持ち分としまして、これを藩の独占的な経済のなかにおりこんでいくわけです。

これが暮らしの支えであったわけですから生存権の問題にかかわります。そこで、革田米蔵はわれわれは皮を所持できないのであれば、なんで、われわれのことを「かわた」というのか、という質問状を藩に提出したのです。

百姓は、今度、皮をもつようになった。では、百姓は「かわた」なのか。一般に「かわた」というのは何であるのか。先程の「穢寺とはなにか」と同じ質問です。「『かわた』とはなにか」という身分の根源を問うことで、身分体系全般について疑義を提起したので、いうまでもなくこの質問は反逆罪であります。皮をとられたわれわれが、「かわた」ならば百姓もまた「かわた」だ、といいました。だから、われわれを「かわた」とよぶ根拠が解らない、百姓同然ではないかといいだしたものだから、これは「御法度背キ」ということになります。「御法度背キ」の一件であると当時の公文書も記録しています。「かわた」身分というものがここですっかり動いてしまいます。それは、厳然たる身分制度を根本から動かしていくということになりますから反逆罪であると、御法度に背いたのだと藩権力は決断するわけです。こういうことが法廷闘争になることは、やはり生存権を拠り所にして身分差別の根本が問われているのです。しかもこういう身分差別の根本を問うことが、まさに安芸門徒の中心地で起こっていることは、民衆の心情の奥底に原始真宗教団の生命――仏性の絶対的平等の信仰が伝えられているとみてさしつかえありません。権力側としては、これを「悪口雑言」としていますが、根幹は反逆罪だという認識をしています。ですからこれを極刑をもって処罰しようとするわけです。

ところが付近の「かわた」の人々が、連帯して集まってきたのです。幕末の動乱の時期でありますから、これを断行したならば一斉にこの人々が蜂起するということが考えられますので、権力側はできるだけ訴訟を引き延ばそうとするわけです。革田米蔵は、これを貫いていくと頑張っているので、三カ年たってもらちがあかない。結局、権力側は、酔っぱらって「悪口雑言」したのだとしてかたづけようとしたのです。ただし幕藩体制の刑事裁判というのは、吟味で無罪を申し渡すことはありません。摘発されたものすべてが有罪です。これは、結局、入牢させることにしておったのですが、それにしても、その刑罰をたしかにおうけいたしましたという供述書（「吟味詰まりの口書」）をとる必要があったのであります。恭順の意志を確認しようとしました。幕藩体制の刑罰の申渡しはすべてそうなっているわけなのです。かならず死刑なら死刑をおうけするという一札を書く必要があったわけです。お上のご意向に深く感銘いたしました、その刑罰をおうけするという一札を書く必要があったのです。これはやはり刑罰をうける側が、あくまでもその刑罰に異存はないことを、刑罰に恭順の意志をもって従うことを本人自身の供述において獲得しようとしたわけなのです。幕藩体制とはそういうようなことからなっているのです。

ところが革田米蔵は、絶対にこれを書かないのです。「吟味詰まりの口書」を絶対に書かないのです。

これは自分の行動が自分の確信においては犯罪であると思っていない、極刑に該当する犯罪を犯したと思っていないから書かないということです。思っていなくても書けと強要されましたが、しかし正当な主張であると確信しているので書かないということになっているわけです。これはたいへんな事件だと思います。こういう事件が幕末という時期に生起したことをわれわれは忘れるべきではありません。先程いいました「穢多寺とはなにか」ということ、そもそも「『かわた』とはなにか」という問題を法廷闘争として提起することは、正しい権利ということの自覚のもと身分解放運動を行っていること、すなわち権利のための闘争としての身分解放の行動をなしていると評価すべきであります。これは法廷闘争であります。法廷闘争としての権利のための闘争が闘われているのです。私は、先程からいっていますように、いろいろな河原巻物とか小細工をもたらしたような思想活動が多いなかで、こういう剛直な筋のとおった思想闘争が行われていることをきわめて高く評価するものであります。

（本稿は一九九一年（平成三年）七月二二日、東京築地本願寺で行った講演を訂正加筆したものです。肩書等は当時）

あとがき

本書は、問題提起の書である。いや、問題提起というよりも、もっと鋭く重い、そして、直接読者の生き方を問うものである。その問いとは、以下のような問いである。

「西光万吉《さいこうまんきち》・水平社の真宗か、それとも、大谷尊由の真宗か」あるいは「親鸞の念仏か、それとも、覚《かく》如《にょ》以降の真俗二諦《しんぞくにたい》を基本にした念仏か」。

覚如以降の真俗二諦を基本にした念仏の行き着いた先は、「戦時教学」であった。「その戦時教学の内容なるものは、およそ、浄土真宗で説くところの阿弥陀仏を信ずることと日本の神々を信ずることとは同一であり、阿弥陀仏の教えは天皇の言葉に即一し、真宗の教えは『教育勅語』に帰結する、などというものであった。そのことは真宗の国家神道イデオロギーへの完全な屈服という以外のなにものでもなかった。」(「まえがき」大西修編『戦時教学と浄土真宗―ファシズム下の仏教思想』社会評論社、一九九五年)。

しかし、この「天皇制イデオロギーへの屈服」は、すでに教団の既定路線であったのだ。

時あたかも、「親鸞聖人生誕八五〇年　立教開宗八〇〇年」の法要の時である。しかし、真の意味での「立教開宗」とは何か。それを本書は問いかけているのである。

本書は、芳滝智仁さんが「部落起源論」の重要さを再認識し、再び一向一揆起源論に問いかけることによって、「信の回復」を意図されたことに端を発する。自らも寄稿され、また編集の労を取られた小笠原正仁さん、阿吽社の松本恵さん、そして石尾芳久先生の講演録を校正していただいた藤原有和さんに、深甚の感謝を申し上げる。

神戸 修

執筆者紹介

武田達城（たけだ たつじょう）
1956 年生まれ。大阪府吹田市千里寺住職。

芳滝智仁（よしたき ちじん）
1952 年生まれ。北海道幕別町顕勝寺前住職。

小笠原正仁（おがさはら まさひと）
1956 年生まれ。阿吽社前代表取締役。2023 年往生。

石尾芳久（いしお よしひさ）
1924 年生まれ。1948 年京都大学法学部卒業。1960 年関西大学法学部教授。1992 年往生。

著書
『マックス・ウェーバーの法社会学』法律文化社、1971 年。
『日本古代法の研究』法律文化社、1959 年。
『日本古代法史』塙書房、1964 年。
『日本古代天皇制の研究』法律文化社、1969 年。
『古代の法と大王と神話』木鐸社、1977 年。
『海南政典の研究』関西大学東西学術研究所、1969 年。
『日本近世法の研究』木鐸社、1975 年。
『被差別部落起源論』木鐸社、1975 年。
『大政奉還と討幕の密勅』三一書房、1979 年。
『民衆運動からみた中世の非人』三一書房、1981 年。
『差別戒名と部落の起源』京都松柏社、1982 年。
『一向一揆と部落』三一書房、1983 年。
『続・一向一揆と部落』三一書房、1985 年。
『部落起源論』三一書房、1986 年。
『明治維新と部落解放令』三一書房、1988 年。
『人権思想の源流と部落の歴史』三一書房、1990 年。

訳書
『マックス・ウェーバー 国家社会学』法律文化社、1960 年。
『マックス・ウェーバー 法社会学』法律文化社、1963 年。
その他多数

神戸修（こうべ おさむ）
1960 年生まれ。大阪府堺市西教寺住職。龍谷大学事務局長。

表紙カバーイラスト著者プロフィール

巻来功士（漫画家）

1958年、長崎県佐世保市生まれ。

1981年、週刊少年キング「ジローハリケーン」で漫画家デビュー。

1983年、週刊少年ジャンプ移籍後「ゴッドサイダー」「メタルＫ」等連載。

1990年、スーパージャンプ「ミキストリ―太陽の死神―」で青年誌デビュー。

2016年、少年ジャンプ時代の自伝「連載終了！ 少年ジャンプ黄金期の舞台裏」発表。

2017年、日光山を開山した聖僧、勝道上人の物語「SHODO――勝道上人伝」発表。

2021年より、LINE漫画でSF戦争漫画「FAKE WORLD フェイクワールド」連載。

親鸞　尊厳・平等の念仏

2023年9月15日　初版第１刷発行
2024年3月１日　初版第２刷発行

編著者　芳滝智仁　武田達城

発行者　小笠原正典

発行所　株式会社 阿 吽 社
〒602-0017　京都市上京区衣棚通上御霊前下ル上木ノ下町73-9
電話 075-414-8951　FAX 075-414-8952
URL：http://aunsha.co.jp
E-mail：info@aunsha.co.jp

装　丁　清水 肇［prigraphics］

印　刷　モリモト印刷株式会社

ISBN978-4-907244-51-4　C0015

★阿吽社の本

同朋の会◉編

同朋教団のかなしみ 「寺中」差別の現実から

定価：本体1500円＋税　ISBN978-4-907244-47-7

福田亮成◉著

空海散華　お大師さまとともに〈全3巻〉

——身の巻・手に印を結ぶ／口の巻・真言を唱える／意の巻・心に仏を想う

各巻 定価：本体1000円＋税　ISBN978-4-907244-16-3 / 978-4-907244-17-0 / 978-4-907244-18-7

一般社団法人和歌山人権研究所◉編

人権ブックレット21号

女人禁制　伝統と信仰

定価：本体800円＋税　ISBN978-4-907244-40-8